L. Gonick · M. Wheelis Genetik in Cartoons

Genetik in Cartoons

Larry Gonick Mark Wheelis

Aus dem Amerikanischen von Prof. Dr. Thomas Graf

Fünfte Auflage 2001

Parey Buchverlag Berlin 2001

Parey Buchverlag im
Blackwell Wissenschafts-Verlag GmbH
Kurfürstendamm 57, 10707 Berlin
Firmiangasse 7, 1130 Wien

Blackwell Science Ltd
Osney Mead, Oxford, OX2 0EL, UK
25 John Street, London WC1N 2BL, UK
23 Ainslie Place, Edinburgh EH3 6AJ, UK

Munksgaard International Publishers Ltd
35 Nørre Søgade
1016 Kopenhagen K, Dänemark

Blackwell Science, Inc.
Commerce Place, 350 Main Street
Malden, Massachusetts 02148 5018, USA

Blackwell Science KK
MG Kodemmacho Building, 3F
7-10, Kodemmacho Nihonbashi,
Chuo-ku, Tokio 103-0001, Japan

Blackwell Science Pty Ltd
54 University Street,
Carlton, Victoria 3053, Australien

Iowa State University Press
A Blackwell Science Company
2121 S. State Avenue
Ames, Iowa 50014-8300, USA

Anschrift des Übersetzers:
Prof. Dr. Thomas Graf
Albert Einstein College of Medicine, Chanin 302b
1300 Morris Park Ave.
Bronx, New York 10461, USA

Die Deutsche Bibliothek - CIP-Einheitsaufnahme

Genetik in Cartoons / Larry Gonick ; Mark Wheelis. Aus dem Amerikan. von Thomas Graf. – 5. Aufl. – Berlin ; Wien : Parey 2001
Einheitssacht.:The cartonn guide to genetics <dt.>
Früher u.d.T.: Gonick, Larry: Genetik in Cartoons
ISBN 3-8263-3415-9

1. Auflage 1984
2. Auflage 1985
3. Auflage 1986
4. Auflage 1989
5. Auflage © 2001 Blackwell Wissenschafts-Verlag, Berlin • Wien

e-mail: parey@blackwis.de
Internet: http://www.blackwell.de

ISBN 3-8263-3415-9 • Printed in Germany

Titel der Originalausgabe:
The Cartoon Guide to Genetics
Barnes & Noble Books, A Division of Harper & Row Publ., New York
© 1983 by Larry Gonick & Mark Wheelis

Einbandgestaltung: Unter Verwendung von Abbildungen aus dem vorliegenden Buch
Satz und Repro: Type Design, Berlin
Druck und Bindung: Druckhaus zu Altenburg

Gedruckt auf chlorfrei gebleichtem Papier

Der VERMEHRUNG
gewidmet,
ohne die unser Fach,
unsere Autoren
und unsere Leser
nicht möglich
gewesen wären ...
Gruck

GELEITWORT

In diesem Buch wird die Geschichte der Genetik geschildert, angefangen bei den Vorstellungen unserer Vorfahren bis hin zu den neuesten Entwicklungen auf dem Gebiet der Gentechnologie. Komplizierte Sachverhalte werden in einfacher Sprache und anschaulichen Bildern dargestellt, so daß auch Leser ohne einschlägige Vorkenntnisse dem Text folgen können.
Neben der Erklärung wissenschaftlicher Fakten werden auch so hochaktuelle Fragen wie Heilung genetischer Defekte, Klonierung des Menschen, Gefahren genetischer Manipulationen, biologische Kriegsführung und das Problem der Forschungs-Kommerzialisierung erörtert.
Dieses Buch spricht den medizinisch-biologisch interessierten Leser genauso an wie den für die Umwelt engagierten oder aus wirtschaftlicher oder politischer Sicht an Gentechnologie interessierten Leser.

Heidelberg, im Herbst 1984 — Prof. Dr. Thomas Graf

Vorwort

Seit der ersten Auflage dieses Buchs hat sich viel auf dem Gebiet der Genforschung und Gentechnologie ereignet. Die Liste der durch den Ausfall bestimmter Gene bedingten Krankheiten ist länger geworden. Auch Krebs wurde durch die Entdeckung der Onkogene und Tumorsuppressorgene im wesentlichen als eine Genkrankheit erkannt, obwohl dieses Wissen immer noch nicht zum großen Durchbruch in der Heilung dieser Krankheit geführt hat. Man kennt inzwischen durch die Erforschung der Entwicklung der Fruchtfliege Drosophila melanogaster und des Fadenwurms Caenorhabditis elegans eine große Anzahl von Genen, die für die korrekte Bildung von Organen und Gliedmaßen notwendig sind. Überraschenderweise stellte sich heraus, daß viele dieser Gene während der Evolution konserviert wurden und sich bei Mensch, Maus, Fliege, Wurm und Hefe ähneln. Im letzten Jahr ist es sogar gelungen, das vollständige menschliche Genom weitgehend zu sequenzieren und die Gene auf den Chromosomen zu ordnen. Dieser Triumph der Genforscher wird unser neues Jahrhundert prägen. Er wird die Medizin revolutionieren und die Forschung auf eine neue Ebene führen. So wird man sich mehr und mehr gleichzeitig mit dem komplizierten Wechselspiel der ca. 30 000 menschlichen Gene beschäftigen, statt wie bisher nur eines oder ein paar der Puzzlesteine zu erforschen. Schließlich wird die „Entzifferung" des menschlichen Erbguts zu einem neuen Selbstverständnis der Menschheit beitragen.
Wir sind nun herausgefordert, die Chancen und Risiken, die die moderne Genforschung mit sich bringt, gegeneinander abzuwägen. So wird es auch für den Laien immer wichtiger, zu verstehen, was Gene sind, wie sie funktionieren und was sie für uns bedeuten. Dieses Büchlein liefert in immer noch unübertroffen einfacher Form die wichtigsten Informationen zum Thema auf auch heute noch weitgehend aktuellem Stand.

Thomas Graf, New York im Frühjahr 2001

INHALTSVERZEICHNIS

IN ALTEN ZEITEN...
Unsere Vorfahren kannten die Natur in- und auswendig. In jenen Tagen war jeder ein Biologe, und die Welt war ein Klassenzimmer!
Ich fühl' mich richtig wissenschaftlich!

Es heißt, daß die Menschen in ihren ersten
Denkversuchen nicht zwischen lebenden und
nicht lebenden Dingen unterschieden. Alles war
für sie lebendig, alles war ein Thema für ihre
„biologische „Forschung."
Das waren
die Bäume...
Sie bewegen sich!
Sie bewegen sich!
... Tiere...
... und
selbst
die Steine!
Aua! Sie bewegen sich!

Während ihrer Studien mußten unsere Vorfahren natürlich einiges gemerkt haben: Einige Dinge vermehren sich.
Leute taten es...
... Mammuts taten es...
Leider!
... und, für das primitive Hirn konnten selbst Steine Steinchen „zur Welt bringen"!
Siehst du?

Wir müssen zugeben, diese Theorie macht uns etwas skeptisch. Wenn schon *Männer* den Zusammenhang übersehen haben, müßten nicht *Frauen* erkannt haben, was in ihren Körpern vorging??!

Besagter Theorie zufolge kam die Erleuchtung erst, als man die ersten HAUSTIERE hielt, die sich paarten und danach Junge bekamen.

Die Entdeckung, daß Männer etwas mit der Entstehung von Babies zu tun haben, muß ein großer Schock gewesen sein... Man glaubt, daß sie die Gesellschaft grundlegend geändert hat, und daß als Folge der Vatertag, die Heirat, Vaterschaftsprozesse und das Patriarchat entstanden sind – aber wir wollen hier nicht in die Soziologie abschweifen.

Damit entstand auch die Vorstellung, daß GLEICHES aus GLEICHEM entsteht – die erste echt genetische Idee.

Und so begann die

PRAKTISCHE GENETIK, oder das Verfahren der „SELEKTIVEN ZÜCHTUNG." Die Bauern fingen an, die Paarung ihrer Tiere zu kontrollieren, indem sie die BESTEN für die Zucht auswählten und auf die „SCHLECHTEN" verzichteten.

DAS ERGEBNIS?

Aus ehemals starken, stolzen und wilden Tieren wurde eine Brut gehorsamer, geduldiger und wolliger Schafe.

Zur gleichen Zeit begann man PFLANZEN zu bändigen:

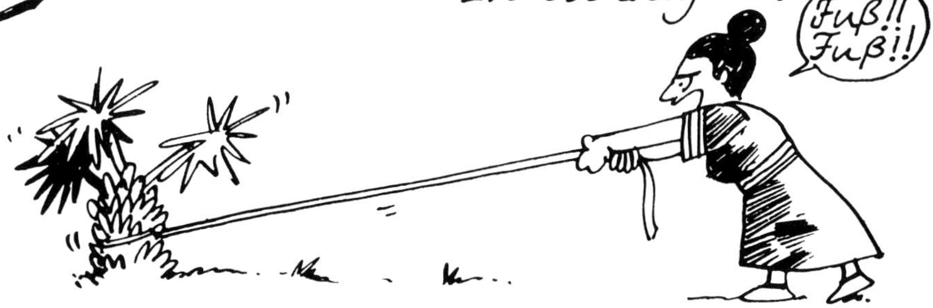

Die ersten Landwirte machten es genauso wie die Tierzüchter – sie jäteten das Unkraut und säten nur die besten Samen.

Dies geschah fast überall auf der Welt: Mickrige Gräser und anderes Unkraut wurden nach und nach zu ertragreichen Sorten. Reis, Weizen, Gerste und Datteln in Asien; Mais, Tomaten, Kartoffeln und Paprika in Amerika; Yams, Erdnüsse und Kürbisse in Afrika – alle wurden sie durch Menschen verbessert.

Pflanzen haben auch ein Geschlecht - sie machen nur nicht so viel Lärm darum wie Tiere. Schon früh erkannte der Mensch die Rolle der Bestäubung: Der Blütenstaub muß auf der Blume landen, damit fruchtbare Samen entstehen.
Tochter, ich möchte dir die Geschichte von den Bienen und den Menschen erzählen...
Das habe ich schon in der Gosse gelernt...
ABER-
Die ersten Landwirte verstanden natürlich nicht, WIE die Bestäubung funktionierte - und glaubten an die Macht der ZAUBEREI...
Diese beiden hier sind assyrische Priester, die dabei sind, eine Dattelpalme zu bestäuben, ungefähr 800 Jahre vor Christus.
Was wäre, wenn wir nicht diese Vogelkostüme anziehen würden?
Klopf, klopf
Was für Vogelkostüme, Sterblicher?

Eine solche Verbindung aus Wissenschaft und Zauberei läßt sich auch in der Bibel nachlesen, erstes Buch Mose, 30. Kapitel, oder...

DIE GESCHICHTE DER HERDE JAKOBS

In dieser Geschichte willigt der Patriarch JAKOB ein, die Herde seines Schwiegervaters LABAN zu betreuen. Als Zahlung darf Jakob alle gefleckten Tiere behalten, während Laban die schwarzen für sich behält. Die beiden Herden dürfen sich nicht paaren.

In der Bibel befindet sich eine genaue Beschreibung der Fruchtbarkeitszauberei Jakobs. Er entrindete Weidenruten, legte das weiße Mark frei und tat sie dann in die Nähe des Wasserloches.

Der Gedanke hinter Jakobs Taten war die Annahme, daß GLEICHES aus GLEICHEM entsteht. Das Weiß der Weidenruten sollte das Weiß in Labans schwarzen Tieren hervorzaubern!

Das Wichtige, genetisch gesehen, lag darin, daß die rein schwarzen Tiere Labans tatsächlich GESCHECKTE NACHKOMMEN hatten – und so nahm Jakobs Herde zu! Warum??

Darauf kommen wir später zurück!

Eine präzise genetische Beobachtung, die völlig unverstanden blieb.

LABAN jedenfalls hat es nicht kapiert.

Noch ein paar genetische Errungenschaften aus alten Zeiten:
Die Chinesen entdeckten „tanzende" Mäuse, eine Mutation, die bewirkt, daß die Tiere im Kreise taumeln.

Die Inder beobachteten, daß bestimmte Krankheiten in gewissen Familien besonders häufig auftreten.
Auch glaubten sie, daß Kinder all die Eigenschaften ihrer Eltern erben.
„Ein Mensch niederen Ursprungs kann nie seiner Herkunft entrinnen," sagen die Gesetze von Manu.
Das ist die Grundlage des Kastensystems

Der Grieche Xenophon zur Züchtung von Jagdhunden:
Hol' dir 'nen guten Hund

Einige andere Griechen dachten noch etwas weiter und entwickelten die ersten richtigen THEORIEN DER VERERBUNG – in anderen Worten, sie überlegten sich: Wie kommt es, daß Kinder ihren Eltern gleichen?

Es ist sogar so, daß ein Philosoph der Antike, SOKRATES, sich überlegte, warum sie es manchmal nicht tun... Er pflegte zu sagen, daß die Söhne großer Staatsmänner in der Regel faul und zu nichts nütze sind. Wir sollten niemals vergessen: Nicht jede Eigenschaft ist erblich.

(um 469-399 v. Chr.)

Leider provozierte Sokrates mit seiner umwerfenden Offenheit die Athener dazu, ihn umzubringen.

Die umfassendste Theorie der Genetik in der Antike stammte von dem berühmten Arzt HIPPOKRATES.*

Hippokrates erkannte, daß der männliche Beitrag zur Vererbung in der SAMENFLÜSSIGKEIT enthalten ist. Er nahm an, daß es auch bei Frauen eine ähnliche Flüssigkeit geben müsse.

*(460-377 v. Chr.)

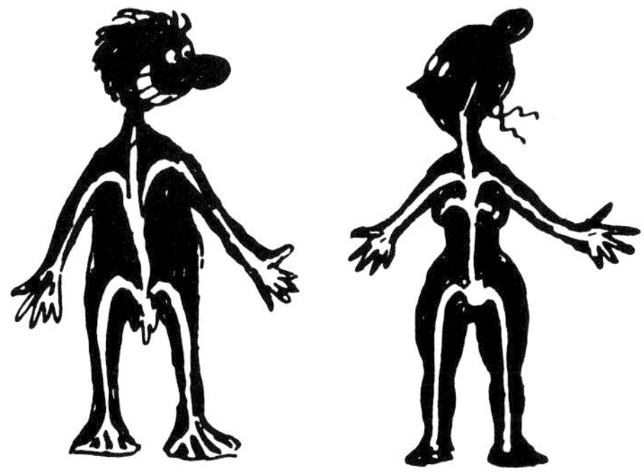

Diese Flüssigkeiten, überlegte er, entstehen überall im Körper und sammeln sich in den Geschlechtsorganen.

Der Samen der Finger erzeuge neue Finger, der der Haare neues Haar und so weiter...

Während der Empfängnis würde eine Art Schlacht zwischen den verschiedenen Flüssigkeiten stattfinden, und ob die Finger des Kindes mehr denen von Papa oder von Mama glichen, hinge davon ab, wessen Flüssigkeit gewonnen hätte.

Leider waren es aber die Ideen von ARISTOTELES* und nicht die des HIPPOKRATES, die den größten Einfluß auf spätere Generationen hatten. Wenn es um Wissenschaft ging, zögerte Aristoteles nie, sich durch seine Ignoranz an der Bildung von Theorien hindern zu lassen.

*(384 – 322 v. Chr.)

Ja, es war nicht gut möglich, diese Schlußfolgerung zu umgehen. Sie schien zu beinhalten, daß alle Kinder Jungen sein müßten... Wer weiß? Vielleicht verriet diese Theorie einen unbewußten Wunsch des Aristoteles... Die alten Griechen zogen Jungen den Mädchen vor.

Ein anderer Philosoph, EMPEDOKLES (490 - 430 v. Chr.), nahm an, daß dies durch das Anhimmeln von Statuen durch Schwangere beeinflußt werden könnte.

Die Wissenschaft geht weiter!

Der einzige Beitrag, den sie zur Genetik lieferten, ist die Kunde, daß Mähren vom Wind befruchtet werden.

Im MITTELALTER.
wurde es um die Wissenschaft noch finsterer. Theorien der Vererbung wurden durch Listen von Mißgeburten ersetzt.
KNALL
Einige davon mögen durchaus zutreffend gewesen sein – aber was fangen wir etwa mit Geschichten an, in denen halbe Kühe mit einem Gedonner vom Himmel fallen?
KLABUMM
Es ist allerdings möglich, daß sich jemand damit einen Spaß machen wollte.
Ja, da war doch so eine Geschichte von einer Äbtissin, dem Erzbischof und dem doppelköpfigen Eber...

Eine mittelalterliche Idee war es, die unserem Verständnis besonders im Wege stand. Sie hieß

URZEUGUNG

Ursprünglich von den Griechen überliefert, war das der Glaube, daß LEBENDE ORGANISMEN spontan aus toter Materie entstehen können.

Man glaubte, daß die Maden aus Aas entstünden ... daß aus Pferdehaar Würmer würden ... und daß Frösche, Mäuse und Insekten nichts anderes als lebendig gewordener Schleim seien!!

Es ist nicht schwer, sich vorzustellen, warum das Konzept der Urzeugung so glaubwürdig war: In einer Welt, in der es so viel Schleim gab, konnte man es täglich beobachten!

Aber, wie bereits erwähnt, die Wissenschaft schreitet weiter...

und ein einfaches Experiment aus dem 17. Jahrhundert stellte das Konzept der Urzeugung erfolgreich in Frage...

Dieses elegante Experiment stammte von dem Italiener FRANCESCO REDI.*
Alles braucht seine Zeit!
Redi legte Stücke frischen Fleisches in zwei Gläser... Das eine deckte er sorgfältig mit einem Leinentuch zu, das andere ließ er offen, so daß die Fliegen das Fleisch erreichen konnten...
Nach einiger Zeit prüfte Redi die Gläser nach und fand Maden nur in dem offenen Glas.
Die Maden wuchsen heran, verpuppten sich und wurden schließlich zu ausgewachsenen Fliegen!
So gelang es Redi zu zeigen daß Maden aus Fliegen und Fliegen aus Maden stammen. Nichts entstand „spontan" aus dem verfaulenden Fleisch!!

* (1626 - 1697)

Aber die „Urzeuger" waren noch nicht geschlagen.

Die Leute glaubten immer noch, daß Flöhe aus Sand entstehen, Mehlwürmer aus Getreide, Aale aus Tau, usw. usw. usw. ...

* *

Der eigentliche Ursprung der Flöhe, Aale und Mehlwürmer wurde erst durch ANTONI VAN LEEUWENHOEK geklärt, einen holländischen Amateurforscher, der zum ersten Mal systematisch das MIKROSKOP anwandte.

(1632 – 1723)

Mit seinem einfachen Werkzeug – eigentlich bloß eine bessere Lupe – verfolgte Leeuwenhoek die Lebenszyklen verschiedener Kreaturen. Sein Traktat über die Flöhe ist ein Klassiker!
„Dieses winzige, verabscheute Lebewesen", schrieb er, „ist in seiner Art so vollständig ausgestattet wie jedes große Tier!"
Danke, Tony.
Er entdeckte, daß Flöhe, wie Fische, Hunde und Menschen GESCHLECHTSWESEN sind!
Du wirst schon sehen: Freie Forschung kann nur zu freier Liebe führen...
stimmt... Leeuwenhoek hat bereits die Moral der Flöhe verdorben...

DER HOLLÄNDISCHE FORSCHER MACHTE NOCH ZWEI WEITERE GROSSE ENTDECKUNGEN:

Er war der erste, der die BAKTERIEN sah, diese winzigen Organismen, die solch eine Bedeutung in der modernen Genetik erlangen sollten.

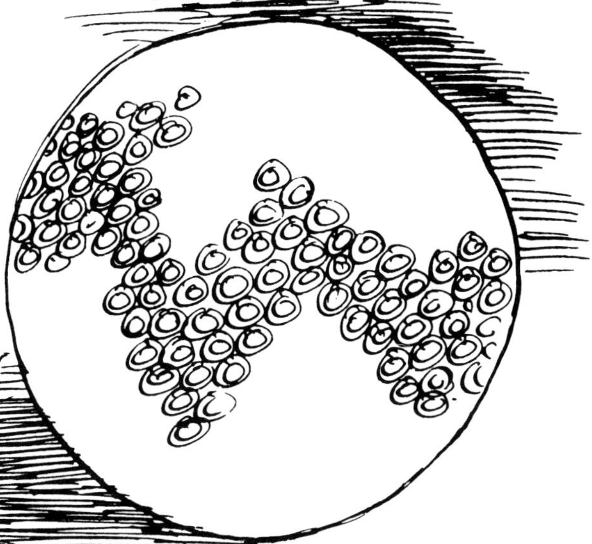

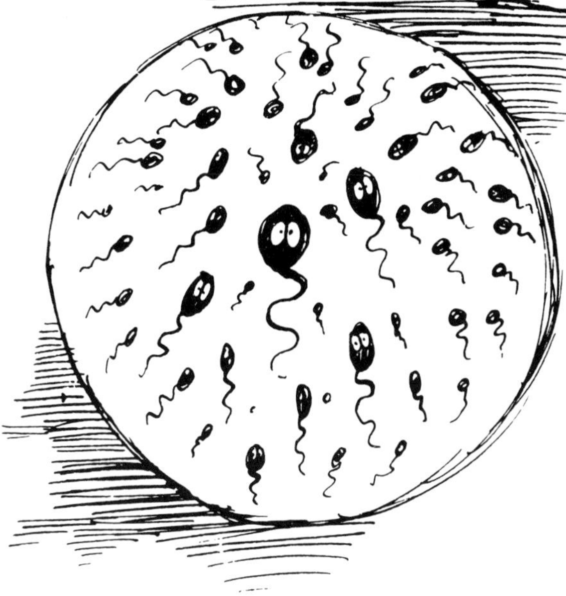

Er entdeckte auch die Existenz der SPERMIEN. Als er Samenflüssigkeit untersuchte, sah er Millionen dieser Miniatur-„Würmer."

Man könnte sagen, daß diese Entdeckung eine neue Schachtel voller „Würmer" öffnete – es war wieder mal ein Irrweg. Zum Beispiel glaubte Leeuwenhoek selbst, daß jedes Spermium einen vollständigen neuen Körper „en miniature" enthielt.

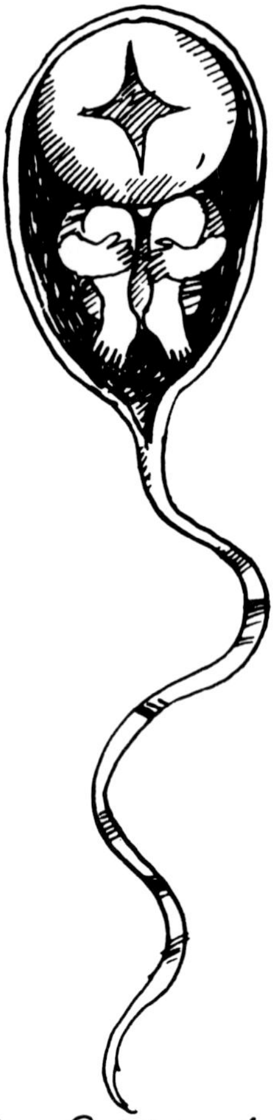

Das Problem dabei war natürlich folgendes: Wenn der im Spermium „präformierte" Organismus ein Junge ist, müßte dieser bereits winzige Hoden besitzen, die wiederum Miniaturspermien enthalten müßten mit noch kleineren präformierten Lebewesen ... Ad infinitum et absurdum!!!

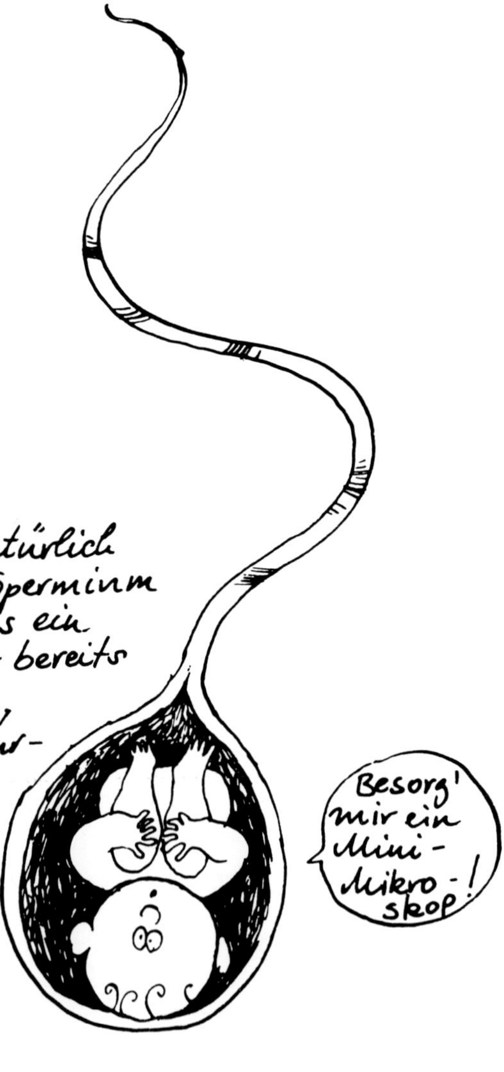

EX OVO OMNIA

(Wenn wir schon mal beim Latein sind)

Während Leeuwenhoek über Spermien spekulierte, untersuchten andere Wissenschaftler die Rolle der Frau in der Vermehrung...

WILLIAM HARVEY

(1578–1657) untersuchte die Entwicklung von Hühner-Embryonen und überzeugte sich, daß ALLE Tiere aus EIERN entstehen müssen. Er sagte: „Ex ovo omnia" oder: „Alles kommt aus dem Ei."

Dann begann Harvey die Jagd nach dem Sänger-Ei
Er überredete den König, ihn nach Sänger-Eiern im königlichen Wildgehege suchen zu lassen ... Nach Dutzenden zerschnittener Hirsche mußte Harvey jedoch seine Niederlage zugeben.
Seufz Da habe ich wohl ein Ei gelegt ...

Ex Ovo Omelett!
Die Jagd wurde noch 200 Jahre fortgesetzt ... noch immer konnte keiner das mysteriöse Ei finden.

Es ist nicht schwer zu verstehen, warum nicht ... Das Sänger-Ei ist nicht nur mikroskopisch klein, es ist auch ziemlich selten ...
Sänger „legen" sehr wenige Eier: Ein Weibchen produziert nur ein Ei im Monat, im Gegensatz zum Männchen mit seinen Dutzenden von Millionen Spermien.
Verschwender!

Die Wissenschaftler waren sich der Existenz der Säuger-Eier so sicher, daß sie es eher als eine Erleichterung als eine Überraschung ansahen, als endlich eines gefunden wurde: ein Hunde-Ei im Jahre 1827!!

In der Zwischenzeit

wurde einiger Fortschritt in Sachen PFLANZEN-SEXUALITÄT gemacht.

Um 1700 war die geschlechtliche Natur der Pflanzen auf Grund der Studien von CAMERARIUS (1665-1721) weitgehend aufgeklärt.

Camerarius konnte zeigen, daß Blumen Geschlechtsorgane tragen, ganz ähnlich wie die Tiere.

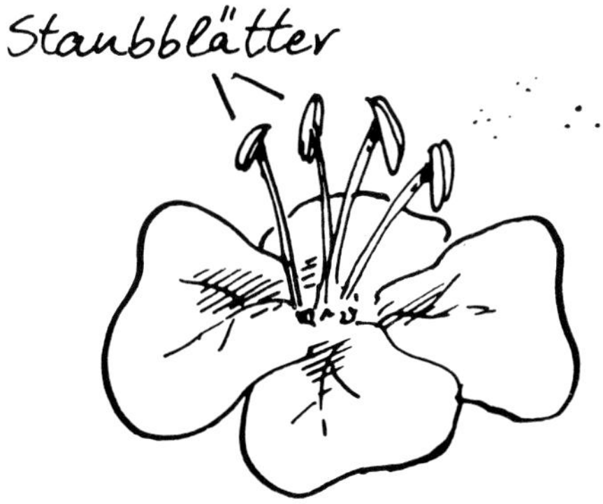

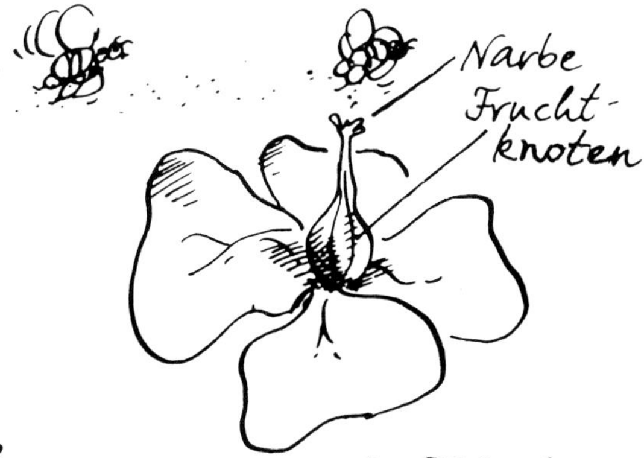

Die männlichen Teile, die Staubblätter, enthalten den Pollen (Blütenstaub). Er entspricht den Spermien der Tiere.

Der weibliche Teil ist die Narbe. An ihr kleben sich die Pollen fest.

Der Pollen (oder Teile davon) dringt in den Fruchtknoten ein und löst dadurch die Entstehung von Samen aus.

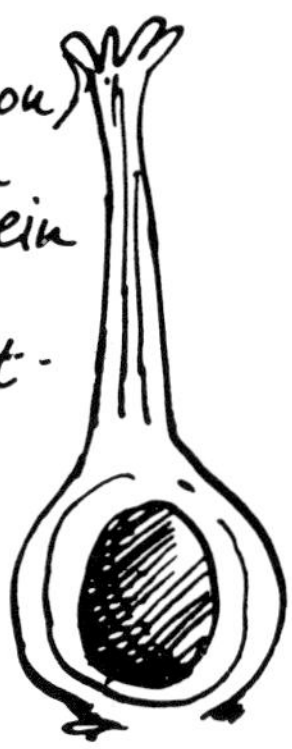

Um die Sache zu komplizieren, tragen viele Blumen sowohl männliche wie weibliche Geschlechtsorgane und können sich daher selbst befruchten.

UND WIE STEHT ES MIT DER AN-WEN-DUNG?

Was wußten sie bereits aus Erfahrung?

1. Einige STABILE ARTEN pflegten fast immer Nachkommen zu haben, die gleiche Eigenschaften wie die ihrer Eltern besaßen. Einige Beispiele sind Araber-Pferde, Labrador-Hunde, Leute mit blauen Augen, usw., usw., usw....

Andererseits gab es auch Zuchtbestände, die eine große Variabilität zeigten. Jakobs Herde ist ein Beispiel für variable Farben. Braunängige Leute mit blauängigen Kindern sind ein anderes Beispiel.

2. Es ist manchmal möglich, zwei verschiedene Arten zu kreuzen, die dann Hybride produzieren.
Die Nektarine zum Beispiel ist eine Kreuzung aus Pfirsich und Pflaume, während ein Maulesel halb Pferd, halb Esel ist. Natürlich sind aber nicht alle Kreuzungen möglich!!!

Unmögliche Hybride:

Schwein/ Baum

Mensch/ Erdbeere

Hybride sind schwer vorauszusagen ... Sie können praktisch völlig einem Elternteil gleichen oder Eigenschaften von beiden kombinieren – und wenn Hybride mit Hybriden gekreuzt werden, entsteht eine extreme Variabilität!!!
Kaum zu glauben, daß du mein Bruder bist!
3. Alle Arten sogar die stabilen, erzeugen gelegentlich „ABWEICHLER", die „keinem der beiden Eltern gleichen. Diese sind oft völlig mißlungene „MONSTER"...
Unser Kind ist ja schrecklich!
Ein Dackel-schaf!
Aber manchmal sind die Abweichungen nur gering, wie beim kurzbeinigen Schaf, welches erstmalig um 1800 auftauchte.

Indem sie diese „Abweichler" mit den normalen Tieren oder Pflanzen zurückkreuzten, gelang es Bauern im 19. Jahrhundert, mehrere neue Arten zu züchten. So entstanden neue Sorten von Weizen, Erbsen und Erdbeeren, und so entstanden auch hornloses Vieh und ...
kurzbeinige Schafe.

Aber das war immer noch das Prinzip von Versuch und Irrtum ... mal klappte es, mal nicht ... und so begann man sich zu überlegen, ob es nicht einen wissenschaftlichen Weg gäbe, vorteilhafte Merkmale zu selektionieren, um neue Arten zu züchten.
Wenn ich ein sechsbeiniges Pferd züchten könnte, würde ich jedes Rennen gewinnen!
Und ein dreibeiniger Mensch könnte seinen Fuß in den Mund stecken und trotzdem laufen!

ABER,

Trotz harter Arbeit konnten keine allgemeinen Gesetze der Vererbung entdeckt werden.

Einige Wissenschaftler brachten sich gegenseitig durcheinander, indem sie Zuchtformen kreuzten, die sich in zu vielen Eigenschaften unterschieden.

Andere waren nicht in der Lage, eine exakte Bestandsaufnahme der durch Kreuzungen entstandenen Arten durchzuführen.

Das Problem schien in der Tat hoffnungslos zu sein... Wissenschaftler gaben nach und nach auf und wandten sich einfacheren Fragen zu... und so ist es auch zu verstehen, daß, als die Gesetze der Vererbung schließlich entdeckt wurden, sie für 30 weitere Jahre ignoriert wurden.

MÖNCH ENTDECKT GEN; WELT GÄHNT!

Fünfzig Jahre Forschung reichten nicht aus, die Gesetze der Vererbung zu entdecken. Die richtige Formel zu finden war natürlich eine Arbeit, die übermenschliche Geduld, unbegrenzte Zeit und eine Riesen-Portion Glück erforderte.

Kein Wunder, daß es schließlich ...

in einem Kloster geschah...

GREGOR MENDEL

(1822-1884) war ein Augustiner Mönch aus Brünn in Österreich. In seiner Freizeit züchtete Mendel Erbsen in den Gärten des Klosters.

Aber Mendel war nicht nur ein Hobby-Gärtner, sondern auch ein WISSENSCHAFTLER, der seine Erbsen höchst sorgfältig studierte – er nannte sie seine „Kinder".
Welcher Vater experimentiert mit seinen Kindern?

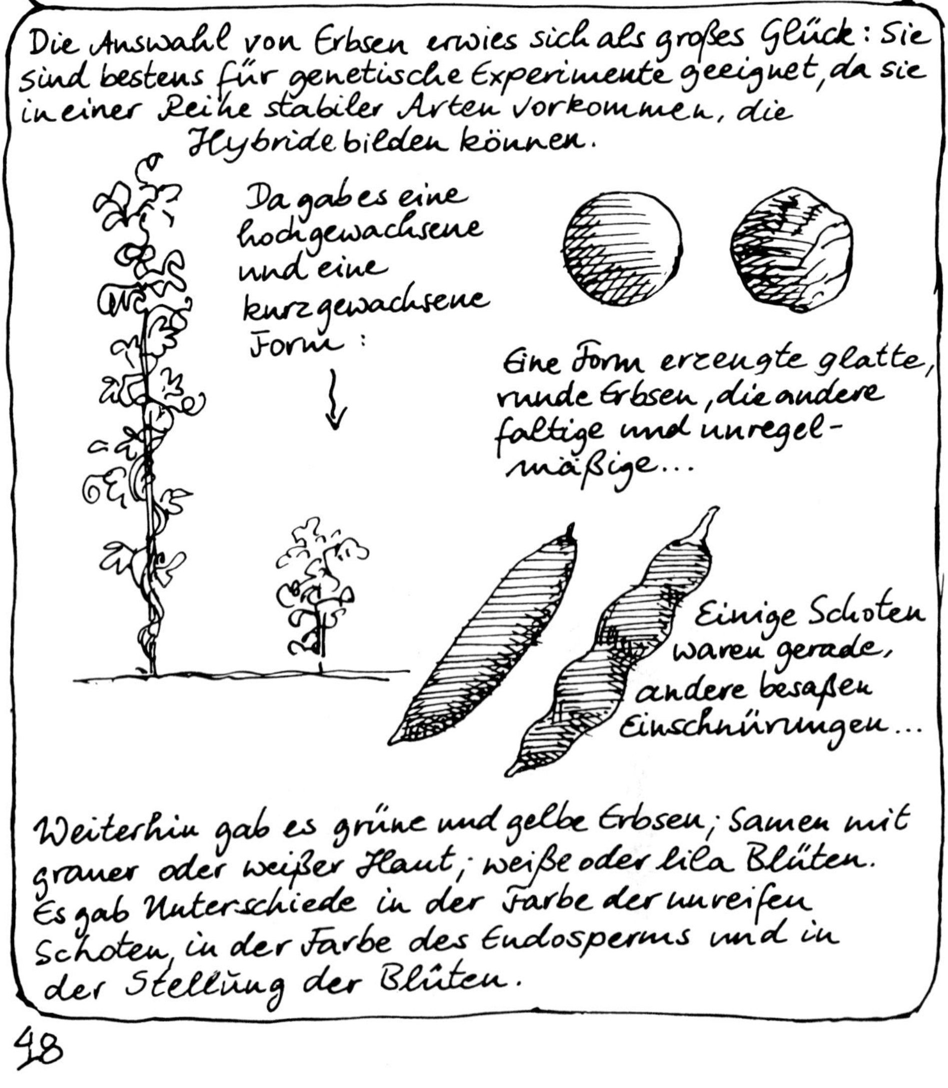
Die Auswahl von Erbsen erwies sich als großes Glück: Sie sind bestens für genetische Experimente geeignet, da sie in einer Reihe stabiler Arten vorkommen, die Hybride bilden können.
Da gab es eine hochgewachsene und eine kurzgewachsene Form:
Eine Form erzeugte glatte, runde Erbsen, die andere faltige und unregelmäßige...
Einige Schoten waren gerade, andere besaßen Einschnürungen...
Weiterhin gab es grüne und gelbe Erbsen; Samen mit grauer oder weißer Haut; weiße oder lila Blüten. Es gab Unterschiede in der Farbe der unreifen Schoten, in der Farbe des Endosperms und in der Stellung der Blüten.

Jede Erbsenblüte hat sowohl männliche wie weibliche Organe, so daß sie sich selbst befruchten kann.

WIE MENDEL BASTARDE HERSTELLTE:

Zuerst schnitt er die Staubgefäße der unreifen Blüten ab, um Selbstbestäubung zu verhindern.

Dann bestäubte er die Narbe mit Pollen der gewünschten väterlichen Pflanze.

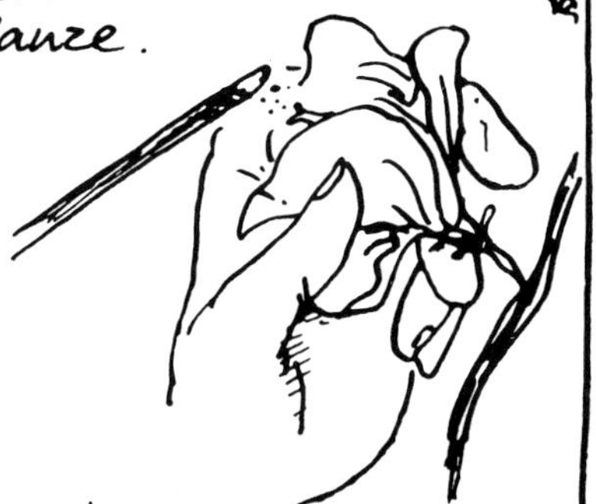

Dann stülpte er Tüten über die Blüten, um jede Fremdbefruchtung zu verhindern.

So konnte Mendel die Elternschaft jeder Generation genau kontrollieren.

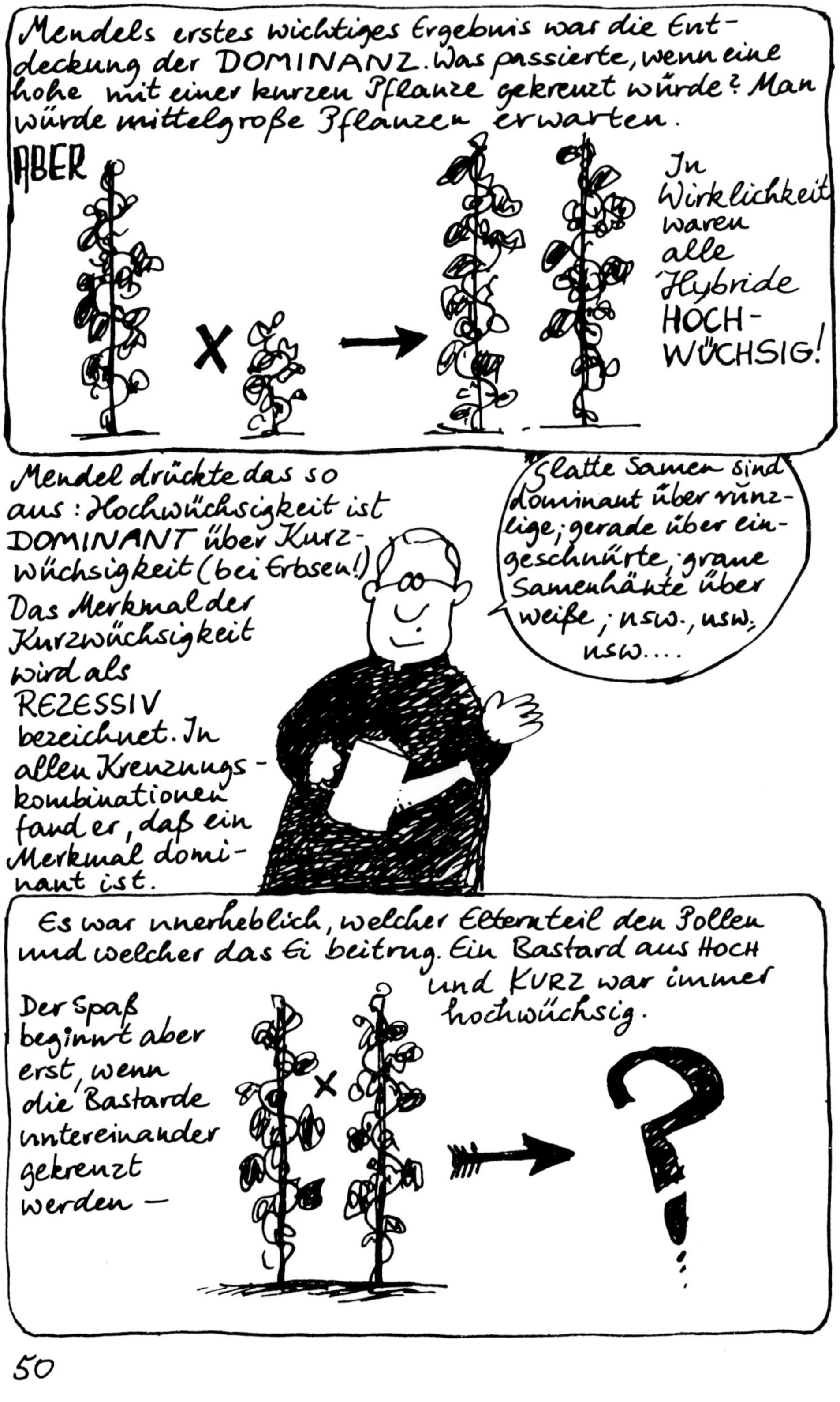
Mendels erstes wichtiges Ergebnis war die Entdeckung der DOMINANZ. Was passierte, wenn eine hohe mit einer kurzen Pflanze gekreuzt würde? Man würde mittelgroße Pflanzen erwarten.
ABER
In Wirklichkeit waren alle Hybride HOCHWÜCHSIG!
Mendel drückte das so aus: Hochwüchsigkeit ist DOMINANT über Kurzwüchsigkeit (bei Erbsen!) Das Merkmal der Kurzwüchsigkeit wird als REZESSIV bezeichnet. In allen Kreuzungskombinationen fand er, daß ein Merkmal dominant ist.
Glatte Samen sind dominant über runzlige; gerade über eingeschnürte; graue Samenhäute über weiße; usw., usw., usw....
Es war unerheblich, welcher Elternteil den Pollen und welcher das Ei beitrug. Ein Bastard aus HOCH und KURZ war immer hochwüchsig.
Der Spaß beginnt aber erst, wenn die Bastarde untereinander gekreuzt werden –

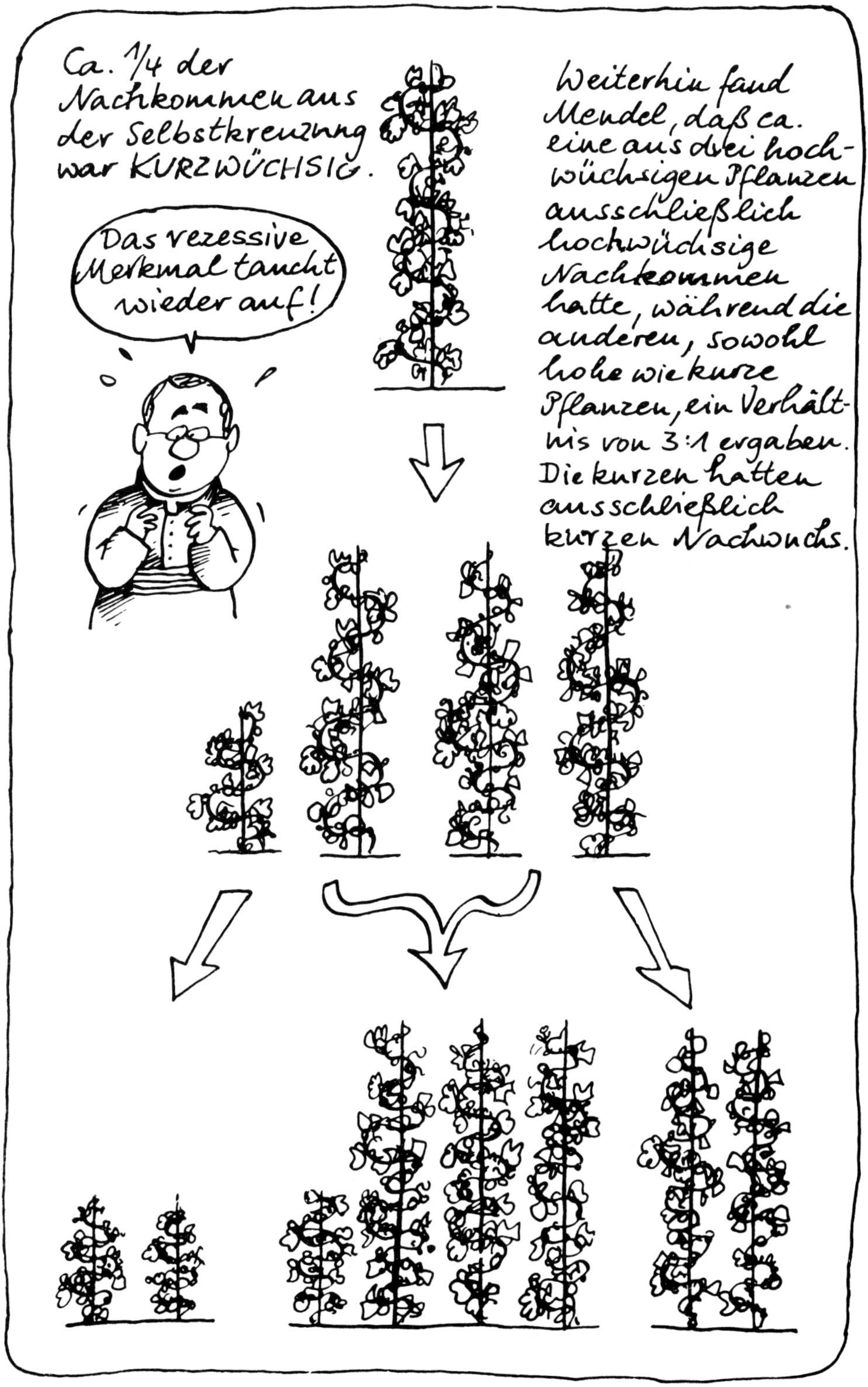
Ca. 1/4 der Nachkommen aus der Selbstkreuzung war KURZWÜCHSIG.
Das rezessive Merkmal taucht wieder auf!
Weiterhin fand Mendel, daß ca. eine aus drei hochwüchsigen Pflanzen ausschließlich hochwüchsige Nachkommen hatte, während die anderen, sowohl hohe wie kurze Pflanzen, ein Verhältnis von 3:1 ergaben. Die kurzen hatten ausschließlich kurzen Nachwuchs.

Mendels Erklärung:
Sie ist mathematisch
Es gibt etwas sowohl in Pollen wie in Eizellen, das die Höhe dieser Pflanzen
Dieses „Etwas" nennen wir ein
$(A+a)^2 = A^2 + 2Aa + a^2$
GEN.
Jedes Pollenkörnchen und jede Eizelle trägt weils ein Gen, das die Höhe des Wuchses bestimmt, so daß in einer Pflanze, die aus der Vereinigung von beiden entstanden ist, ZWEI Gene enthalten sind.
Das Gen kann in zwei verschiedenen Formen vorkommen. Man spricht auch von
ALLELEN.
Machen Gene kurze Hosen?
Badehosen
Ein Allel, A, steht für HOCHWÜCHSIGKEIT, das andere, a, für KURZWÜCHSIGKEIT.
A
a

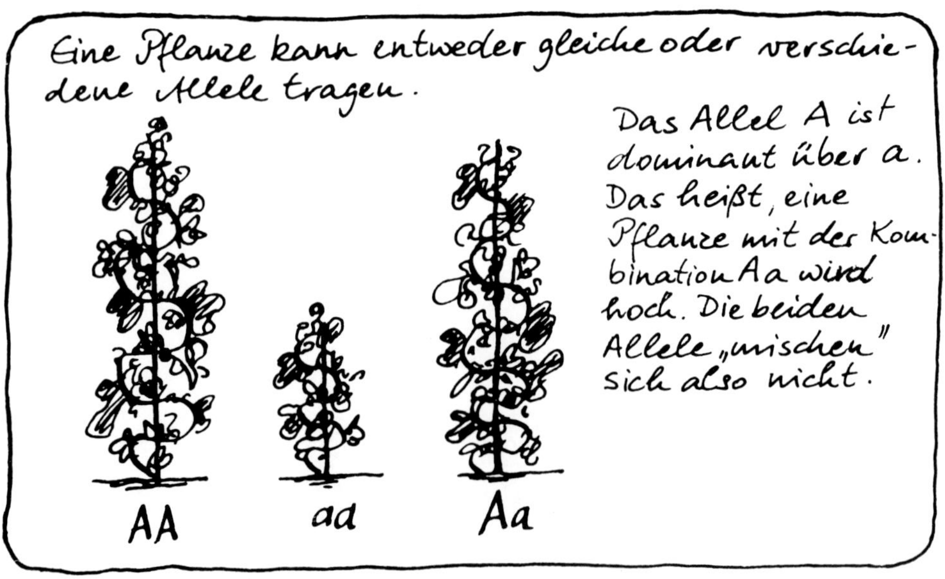
Eine Pflanze kann entweder gleiche oder verschiedene Allele tragen.
Das Allel A ist dominant über a. Das heißt, eine Pflanze mit der Kombination Aa wird hoch. Die beiden Allele „mischen" sich also nicht.
AA
aa
Aa

Was passiert, wenn man AA mit AA kreuzt? Pollen und Eizelle tragen je eine Kopie des Gens... In diesem Fall sind beide Allele identisch – A –, so daß auch die Nachkommen AA und somit hochwüchsig sein werden. Genauso werden aa-Pflanzen ausschließlich aa-Nachkommen erzeugen. Diese Pflanzen entsprechen daher den stabilen hoch- und kurzwüchsigen Arten.

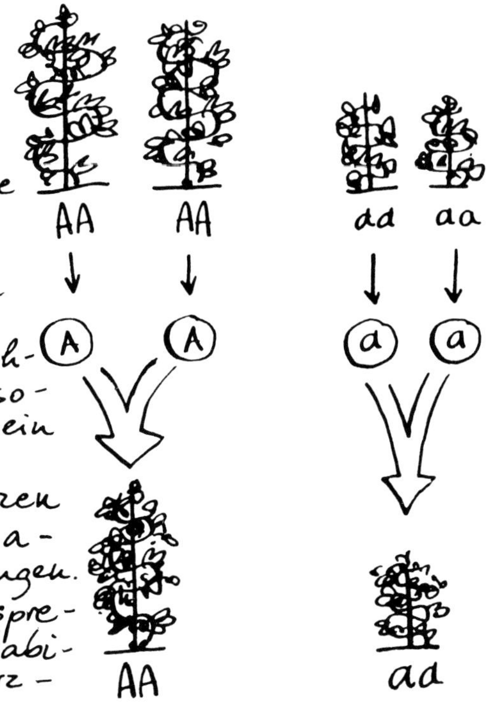

Mendels erste Hybride waren eine Kreuzung zwischen AA und aa: Der Pollen (oder Eizelle) AA enthält nur A, während die Eizelle (oder Pollen) von aa nur a enthält.

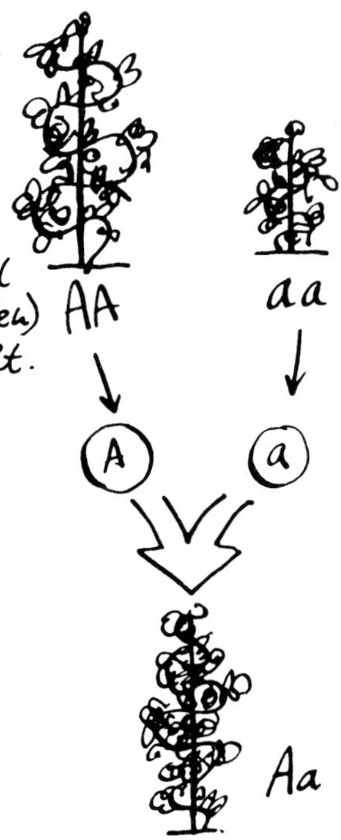

ERGEBNIS:

Aa, d.h. Hochwüchsigkeit.

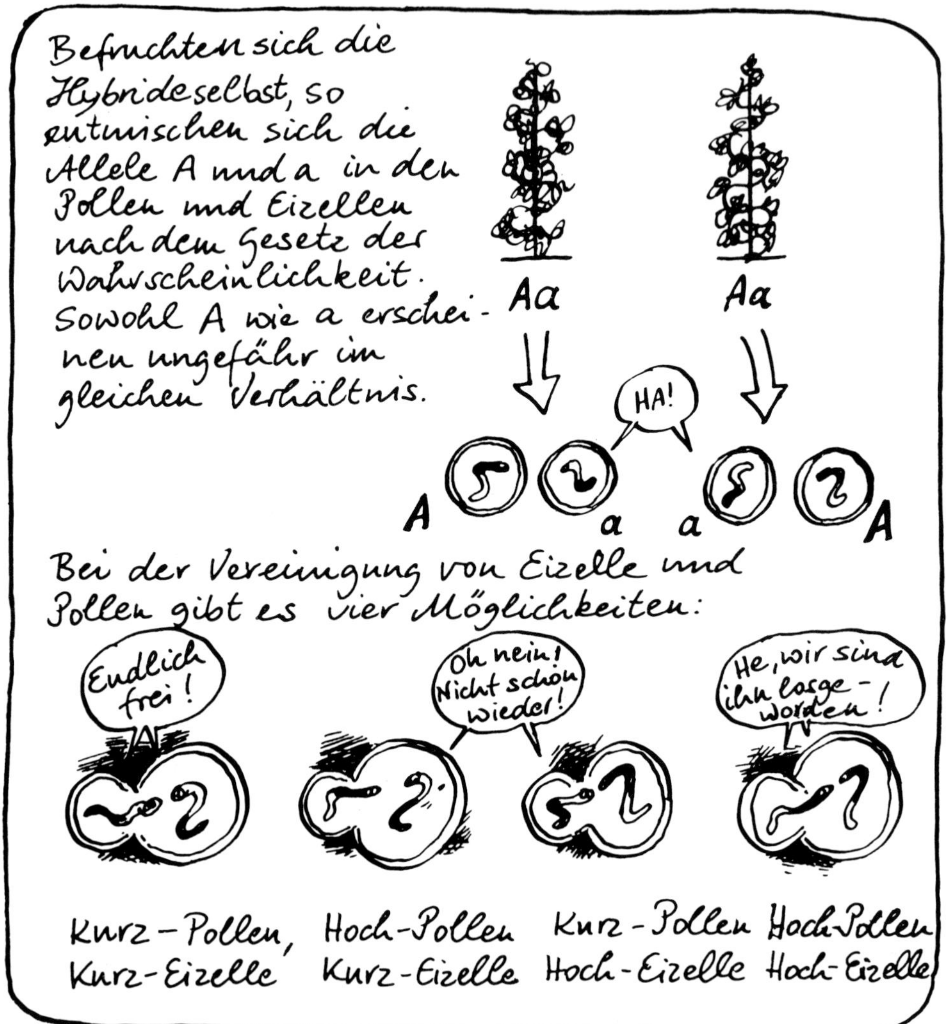
Befruchten sich die Hybride selbst, so entmischen sich die Allele A und a in den Pollen und Eizellen nach dem Gesetz der Wahrscheinlichkeit. Sowohl A wie a erscheinen ungefähr im gleichen Verhältnis.
Aa
Aa
HA!
A
a
a
A
Bei der Vereinigung von Eizelle und Pollen gibt es vier Möglichkeiten:
Endlich frei!
Oh nein! Nicht schon wieder!
He, wir sind ihn losgeworden!
Kurz-Pollen, Kurz-Eizelle
Hoch-Pollen Kurz-Eizelle
Kurz-Pollen Hoch-Eizelle
Hoch-Pollen Hoch-Eizelle

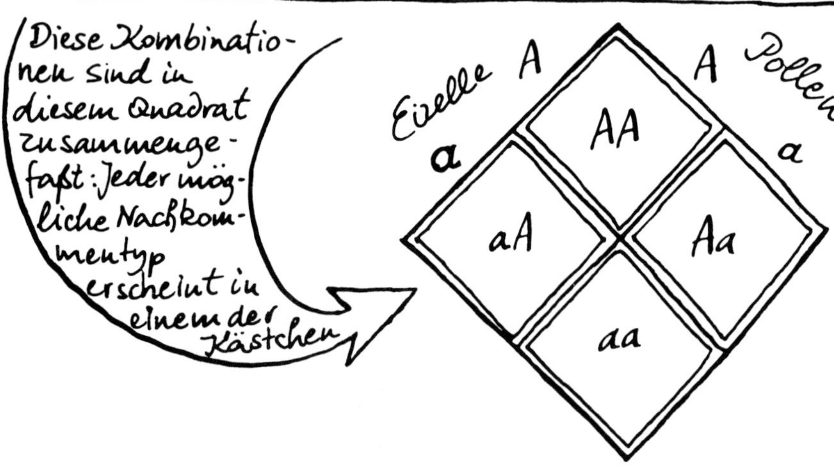
Diese Kombinationen sind in diesem Quadrat zusammengefaßt: Jeder mögliche Nachkommentyp erscheint in einem der Kästchen
Eizelle
A
a
Pollen
A
a
AA
aA
Aa
aa

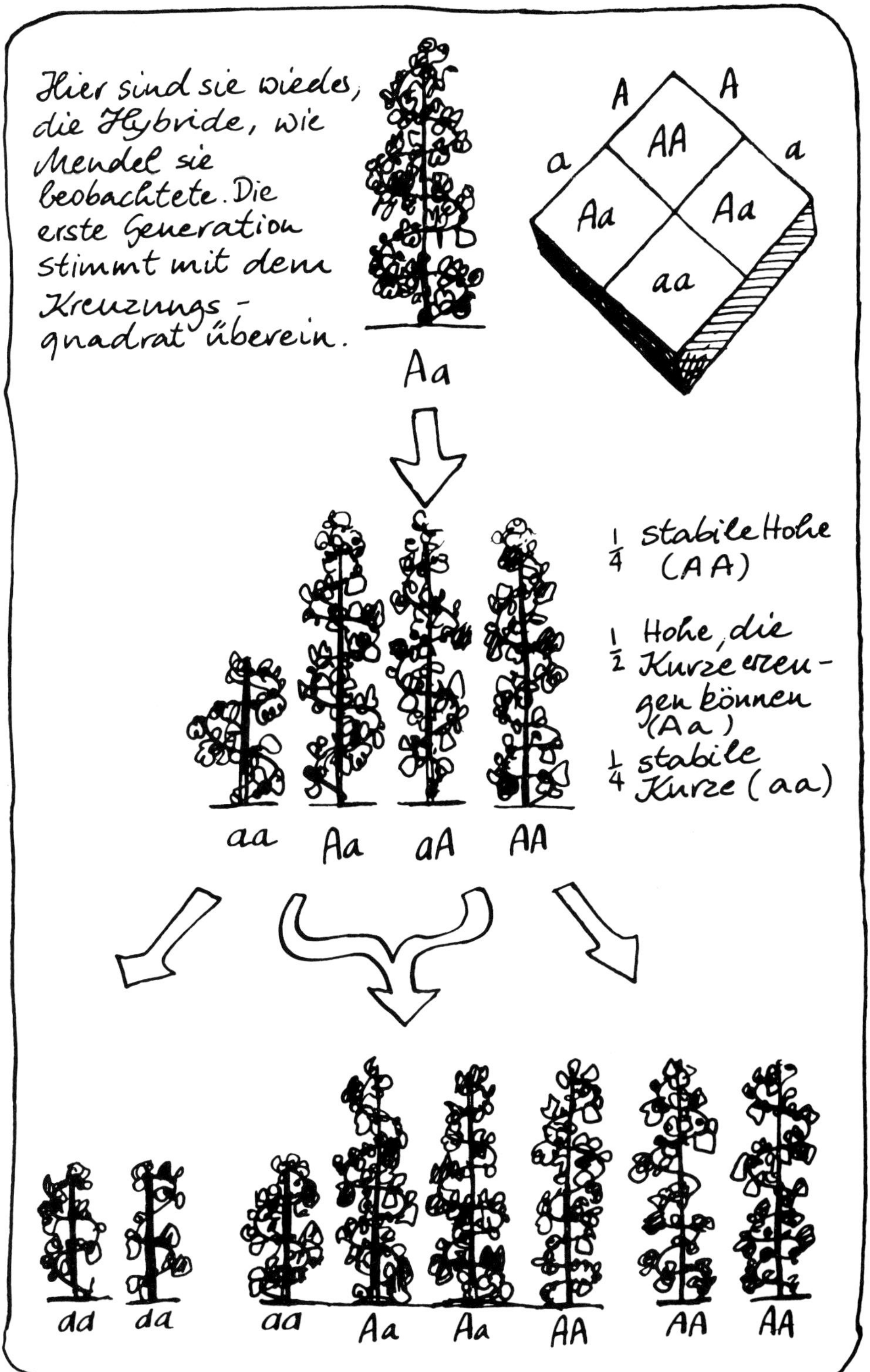
Hier sind sie wieder, die Hybride, wie Mendel sie beobachtete. Die erste Generation stimmt mit dem Kreuzungs-quadrat überein.
A
A
a
a
AA
Aa
Aa
aa
Aa
1/4 stabile Hohe (AA)
1/2 Hohe, die Kurze erzeugen können (Aa)
1/4 stabile Kurze (aa)
aa
Aa
aA
AA
aa
aa
aa
Aa
Aa
AA
AA
AA

Mendel kreuzte auch Glatt-Erbsenpflanzen mit runzligen; lila Blüten mit weißen, usw., usw. In allen Fällen fand er, daß die Eigenschaft durch ein einziges Gen mit zwei verschiedenen Allelen bestimmt wird, wovon eines der beiden dominant ist.

Es schien also so, als ob Pollen wie Eizelle voll mit diesen kleinen „Etwas" angefüllt sind, eines für jedes Merkmal der Vererbung. Es muß in ihnen also ziemlich drunter und drüber gehen.

Ohne je ein Gen gesehen zu haben, folgerte Mendel, daß die Vererbung durch diese „genetischen Atome" kontrolliert wird, die nie zerbrechen oder sich vermischen und somit ihre Eigenschaften von Generation zu Generation weitergeben.

SCHließlich kreuzte Mendel noch Pflanzen, die sich in ZWEI Eigenschaften unterschieden – z.B. eine hochwüchsige Pflanze mit glatten Erbsen und eine kurzwüchsige Pflanze mit runzligen Erbsen.
Die Frage ist: Hängen Hochwüchsigkeit und Glattheit irgendwie zusammen oder verhalten sie sich bei der Vermehrung der Planzen unabhängig voneinander ??

Nennen wir das Allel für Glattheit G, das für Runzligkeit g. G ist dominant und damit

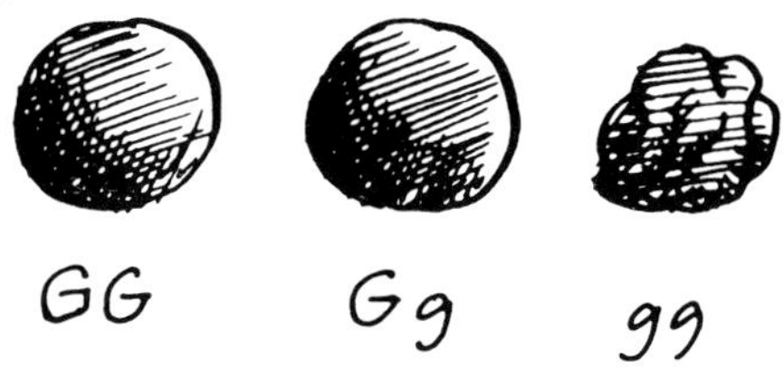

Jetzt kreuzen wir AAGG mit aa gg

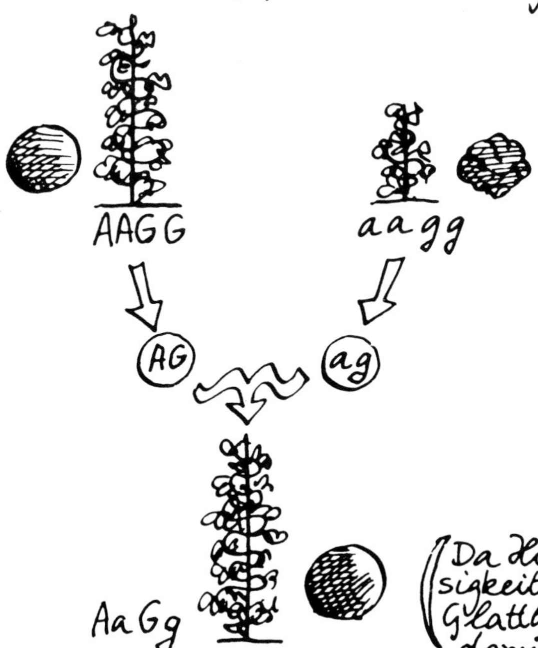

(Da Hochwüchsigkeit und Glattheit dominant sind)

Für die Selbstbestäubung der Hybride gilt:

Falls sich die Gene für Hochwüchsigkeit und Glattheit frei kombinieren können, dann sind folgende Pollen und Eizellen gleich wahrscheinlich:

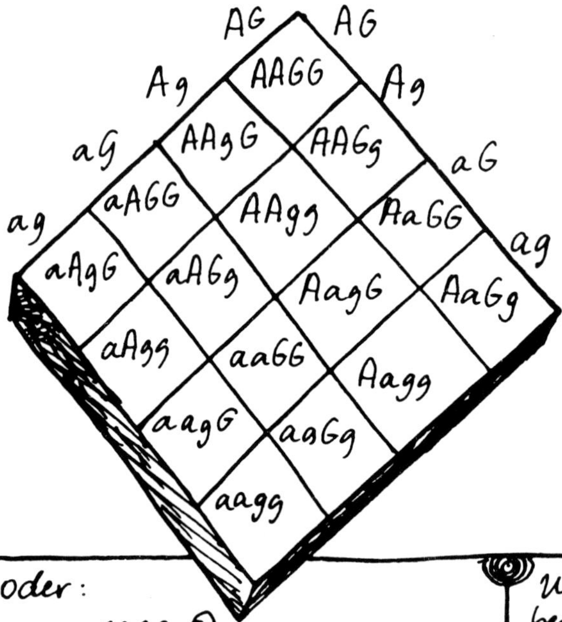

und somit würde das Kreuzungsquadrat so aussehen

Oder:

1 AAGG, 2 AAGg, 2 AaGG, 4 AaGg – 9 hohe, glatte

1 AAgg, 2 Aagg – 3 hohe, runzlige

1 aaGG, 2 aaGg – 3 kurze, glatte

1 aagg – 1 kurze, runzlige

Und das war es, was Mendel beobachtete – ein Verhältnis von 9:3:3:1. Dieses Experiment, sowie weitere mit anderen Kombinationen, begründete das Gesetz der „AUTONOMIE DER MERKMALE": Die Allele eines Gens verteilen sich unabhängig voneinander. (Wir werden jedoch bald sehen, daß dieses Prinzip nicht ganz „korrekt ist).

Nun, wo wir verstanden haben, wie Gene funktionieren, wollen wir uns ein wenig den Jargon der Genetiker anschauen, für den Fall, daß wir ein einschlägiges Gespräch belauschen wollen.

Na... wir meinen nicht DIESEN Jargon...

Genetiker unterscheiden zwischen dem PHÄNOTYP eines Organismus – also seinen sichtbaren Merkmalen – und seinem GENOTYP – der Gesamtheit seiner Allele.

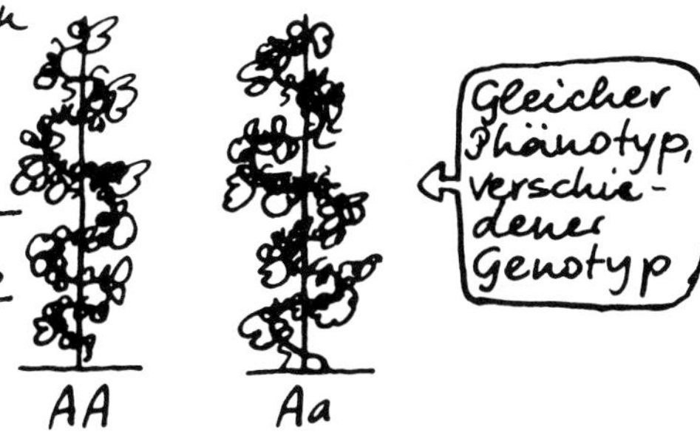

Ein Organismus ist HOMOZYGOT bezüglich eines Gens, wenn beide Allele GLEICH sind, und HETEROZYGOT, wenn sie VERSCHIEDEN sind.

So, jetzt verstehen wir, was ein Genetiker mit „phänotypisch glatt" und „genotypisch heterozygot" meint.

Nebenbei – wir sind jetzt in der Lage, Jakobs gescheckte Herde zu verstehen:

Das Allel für schwarzes Fell, nennen wir es **F**, war dominant. Dann gab es noch ein rezessives Allel, **w** für weiße Flecken. Viele der phänotypisch schwarzen Tiere Labans enthielten heimlicherweise das **w**, so daß ihre Jungen manchmal gefleckt waren.*

In anderen Worten –

* In Wirklichkeit ist die Genetik der Fellfarbe noch komplizierter aber im Prinzip ähnlich: rezessive Allele

FRAGE:

Wenn man einen dominanten Phänotyp beobachtet, wie kann man erkennen, ob er heterozygot ist?

Beim Menschen, beispielsweise, sind braune Augen über blaue dominant. Nennen wir die Gene B und b

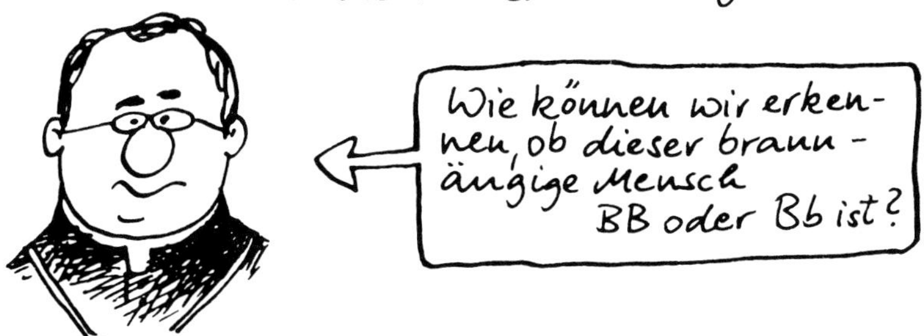

Eine Möglichkeit besteht darin, ihn mit einem rezessiv Homozygoten, d.h., blauäugigen Menschen zu kreuzen.

Also gut ... nehmen wir jemand anders

Wenn irgendeiner der kleinen Hybride blaue Augen hat, so muß der braunäugige Elternteil HETEROZYGOT gewesen sein, Bb. Wäre er BB gewesen, müßten alle Kinder Bb gewesen sein, d.h., braune Augen gehabt haben.

Zum Beispiel hat meine erste Frau braune Augen, und ich habe blaue Augen. Einer unserer Söhne hat blaue Augen, der andere braune. Deshalb muß meine erste Frau HETEROZYGOT sein. (Der blauäugige Junge muß ein Allel von ihr bekommen haben). Probier mal das Kreuzungsquadrat aus!
Jetzt, wo das alles klar ist, können wir uns ja scheiden lassen!!

Meine zweite Frau hat blaue Augen, so wie ich. Wenn unser Kind BRAUNE Augen hätte, was würde das bedeuten? Frag mal den Postboten!!
Schau mir in die Augen!
Nun mal langsam, Freund!

Einige Beispiele dominanter und rezessiver Gene beim Menschen:
Braune Augen sind dominant über blaue.
Farbensehen ist dominant über Farbenblindheit
Krausköpfe sind dominant über Glatzköpfe.
Die Fähigkeit, die Zunge zu rollen, ist über die Unfähigkeit, dies zu tun, dominant.
Überzählige Finger sind dominant über fünf Finger. (komisch aber wahr!)
Eine doppelte Dosis von Rezessiven erzeugt auch solch seltene Krankheiten wie Sichelzellanämie, Tay-Sachs Syndrom, Thalassämie, Zwergwüchsigkeit und Bluterkrankheit...
Kurz...
1.
2.
3.
4.
5.
6.

Meine wichtigsten Ergebnisse!
1 Vererbbare Merkmale werden durch Gene bestimmt, die auch in Hybriden stabil sind. Gene werden nie miteinander vermischt.
Keine Kompromisse mit den Rezessiven!
2 Gene können dominant über andere (Allele) sein. Aber rezessive kommen früher oder später wieder zum Vorschein!!
Das Geheimnis meiner gescheckten Ziegen!
3 Jeder erwachsene Organismus hat zwei Kopien eines Gens - eines von jedem Elternteil. Bei ihrer Entstehung erhält jedes Pollenkorn (oder Spermium) und jede Eizelle davon je eine Kopie.
4 Verschiedene Allele verteilen sich frei und unabhängig in Spermium und Eizelle. Alle Kombinationen von Allelen sind gleich wahrscheinlich.
AABBCCDDEEFFGGHH
Aa BBCCDDEEFFGGHH
Aa BBCCDDEEFFGGHH
aa BBCCDDEE
AA bBCCDDE
AA BbCCDD
Aa BbCC
Aa BbC
ETC!
Wir werden bald sehen, daß diese Regeln nicht ganz korrekt sind... Dominanz ist manchmal unvollständig... Es gibt Organismen mit nur einem Satz von Genen... und Abweichungen von der freien Verteilung stellen sich als sehr wichtig heraus...

Mendel trug seine Ergebnisse vor der Naturwissenschaftlichen Gesellschaft in Brünn vor.
ZZZ
Die Mathematik ist mir zu viel!
Leider kümmerte sich niemand mehr um dies Problem ... es war nicht mehr in Mode ... Außerdem waren die Biologen seit 1859 durch die neue EVOLUTIONS-THEORIE abgelenkt und wollten sich nicht mit Gleichungen abgeben.
CHARLES DARWIN (1809-1882)
Als Mendel schließlich starb, war sein Werk vollkommen vergessen. „Meine Zeit wird kommen", sagte er, nicht lange bevor er 1884 starb.
Gärtnern ist heutzutage nicht in Mode.
Es gibt Felder, die nie aus der Mode kommen.

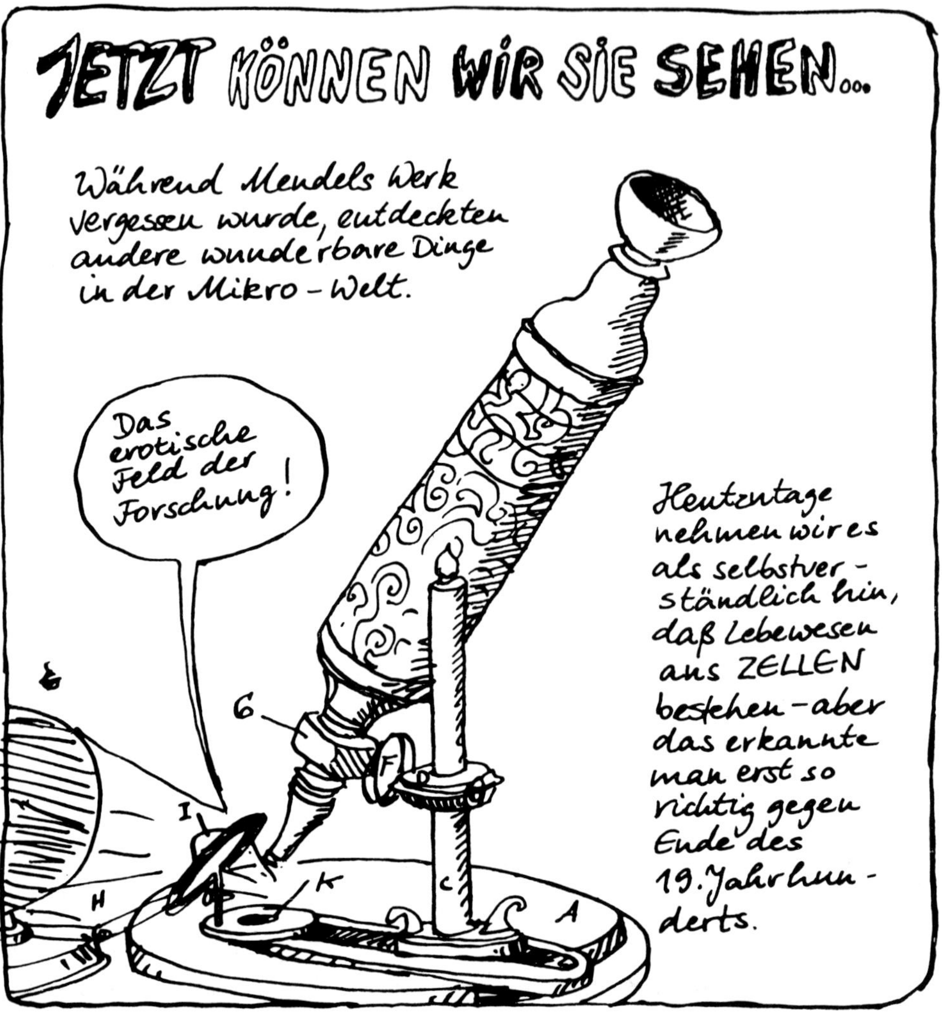

Bereits im 17. Jahrhundert bemerkte ROBERT HOOKE (1635–1703) die Zellstruktur von Kork. Aber es dauerte noch zwei weitere Jahrhunderte, bis Wissenschaftler, mit besseren Mikroskopen ausgerüstet, entdeckten, daß wir alle in kleine Felder eingeteilt sind.

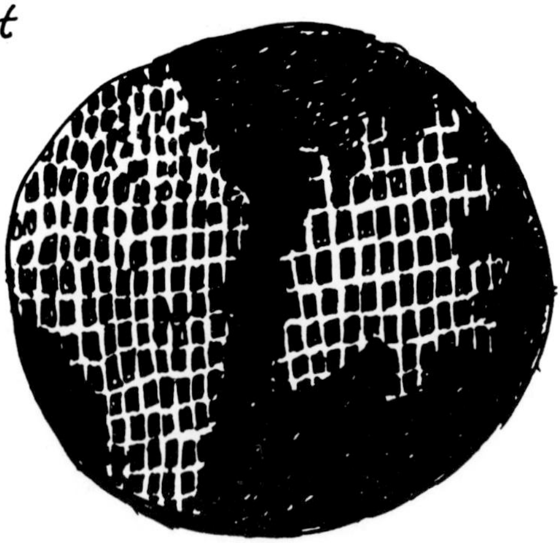

Ein durchschnittlicher Mensch enthält tausende von Milliarden von Zellen. Andere Organismen, wie die Protozoen, bestehen aus einer einzigen Zelle. Zellen gibt es in allen Formen und Größen.

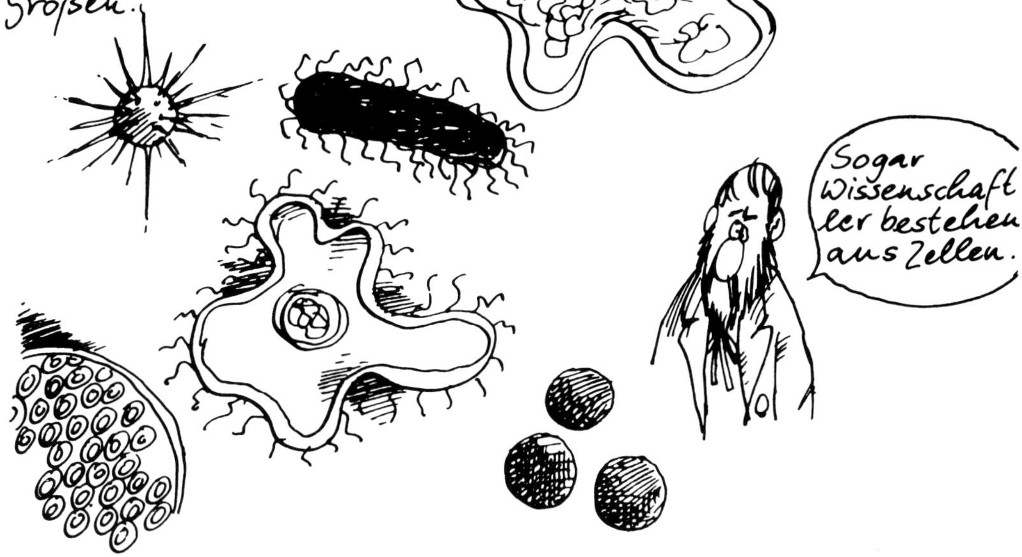

Außerdem beobachteten Wissenschaftler, daß alle Zellen durch die Teilung bereits existierender Zellen entstehen. Vor der Teilung verdoppeln sich alle Zellbestandteile.

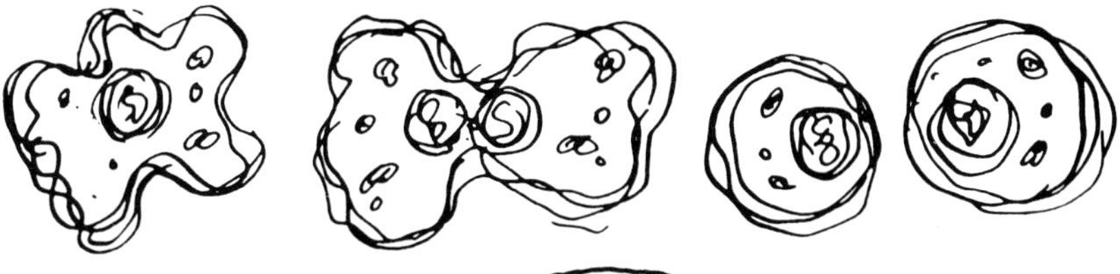

* (Louis Pasteur, 1822-1895)

Mit der Verbesserung der Mikroskope wurde die Feinstruktur der Zelle aufgeklärt ...
Zuallererst war da der KERN. In seinem Innern befand sich etwas Merkwürdiges.
KERN
CHROSOMEN
Kurz vor der Teilung erschienen kurze, fadenartige Gebilde, die sich verdoppelten und dann wieder verschwanden.
Diese wurden als CHROMOSOMEN bezeichnet und waren der Gegenstand heißer Diskussionen!
Chromosomen sind wie Wahlversprechen - sie erscheinen aus dem Nichts und verschwinden genauso schnell wieder...
Sie schleichen ein und aus - wie der Postbote!
Es gibt nur eine Möglichkeit weiterzukommen
Wir brauchen einen Experten!
Einen Experten in Zellen?
Nein - einen Experten im Verschwinden!
Es gibt nur eine Möglichkeit, meine Herren!
Sie waren immer schon da!
Man einigte sich schließlich darauf, daß Chromosomen weder wirklich verschwinden, noch sich auflösen. Sie sind bloß meist zu DÜNN, um sie mit einem gängigen Mikroskop beobachten zu können. Während der Zellteilung KONDENSIEREN sie sich jedoch so weit, daß sie dick genug werden, um sichtbar zu sein.

Sorgfältige Untersuchungen zeigten, was mit den Chromosomen während der Zellteilung geschieht.

Zunächst, noch im unsichtbaren Zustand - verdoppeln sich die Chromosomen, dabei hängen sie an einem Punkt zusammen, der als „Centromer" bezeichnet wird.

Dann verkürzen und verdikken sie sich und werden unter dem Mikroskop sichtbar

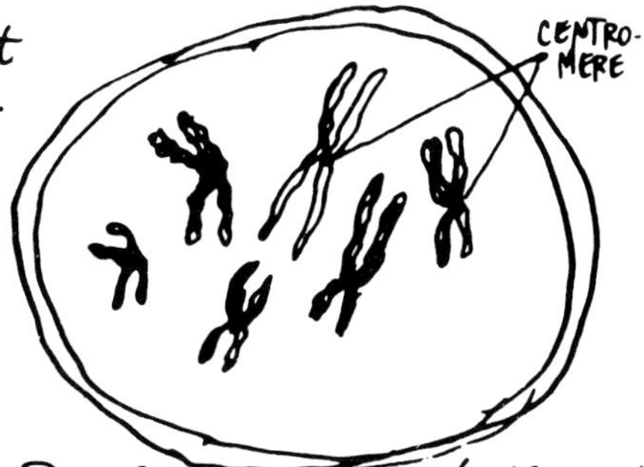

Die Membran um den Kern herum löst sich auf, und eine Fädchen-Struktur in Form einer Spindel erscheint, auf der sich die Chromosomen anordnen.

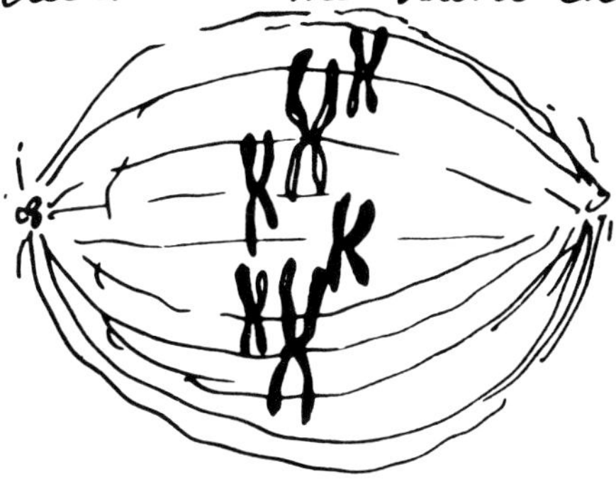

Die Centromere teilen sich, während die Fädchen der Spindel die Chromosomen auseinanderziehen.

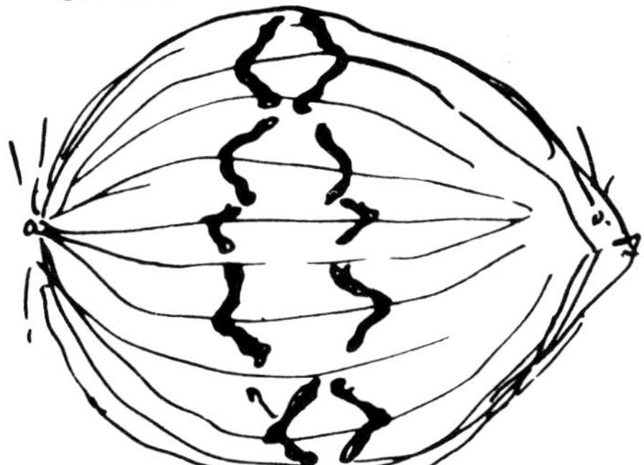

Die Chromosomen gelangen an die entgegengesetzten Pole und die Spindel löst sich auf.

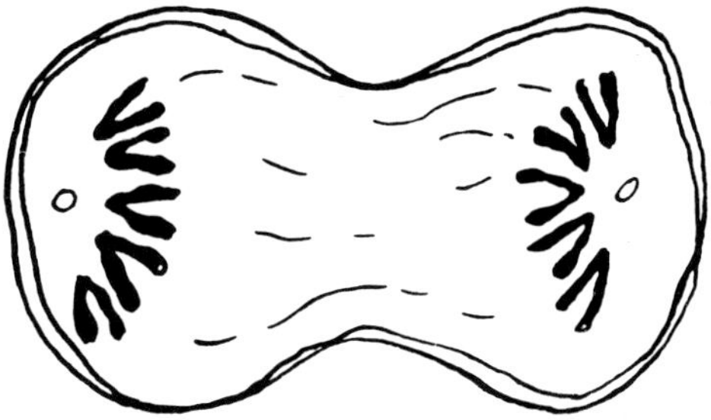

Die Kernmembran bildet sich erneut, die Chromosomen strecken sich, werden unsichtbar und die Zelle teilt sich.

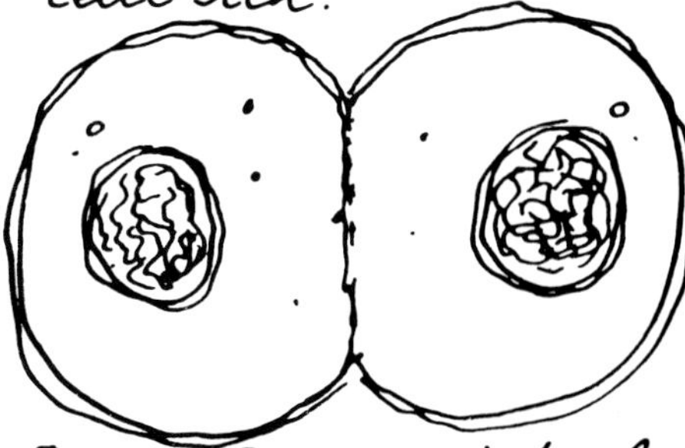

Dieser Prozess wird als MITOSE bezeichnet.

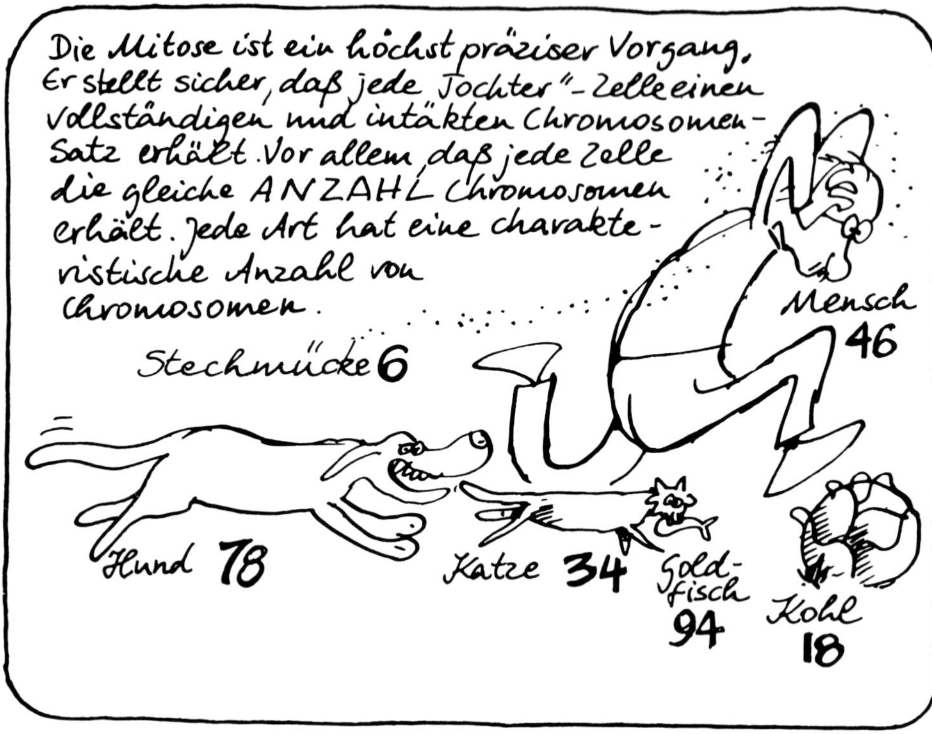

Du hast vielleicht bemerkt, daß alle diese Zahlen gerade sind. Es gibt einen guten Grund dafür – ein Grund, der etwas mit der Natur der Chromosomen als Träger der Vererbung zu tun hat!

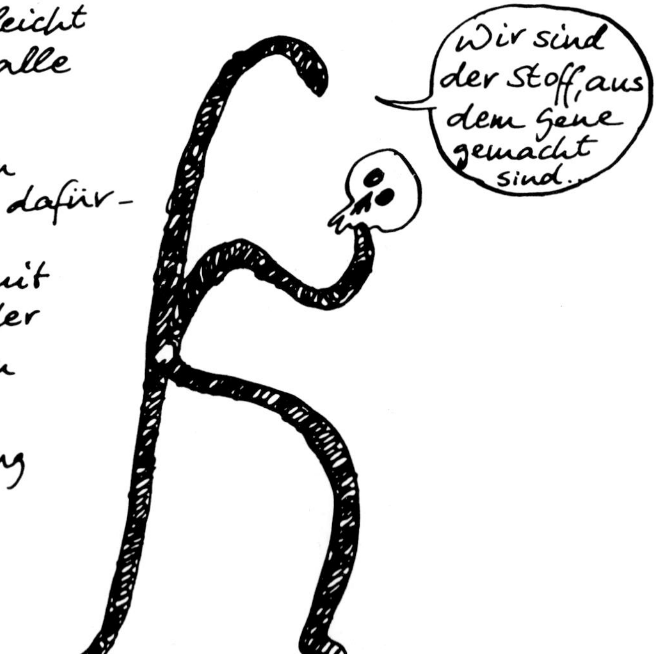

TATSACHE:

SPERMIUM UND EIZELLE SIND ZELLEN, DIE NUR JE DIE HÄLFTE DER NORMALEN CHROMOSOMENZAHL BESITZEN.

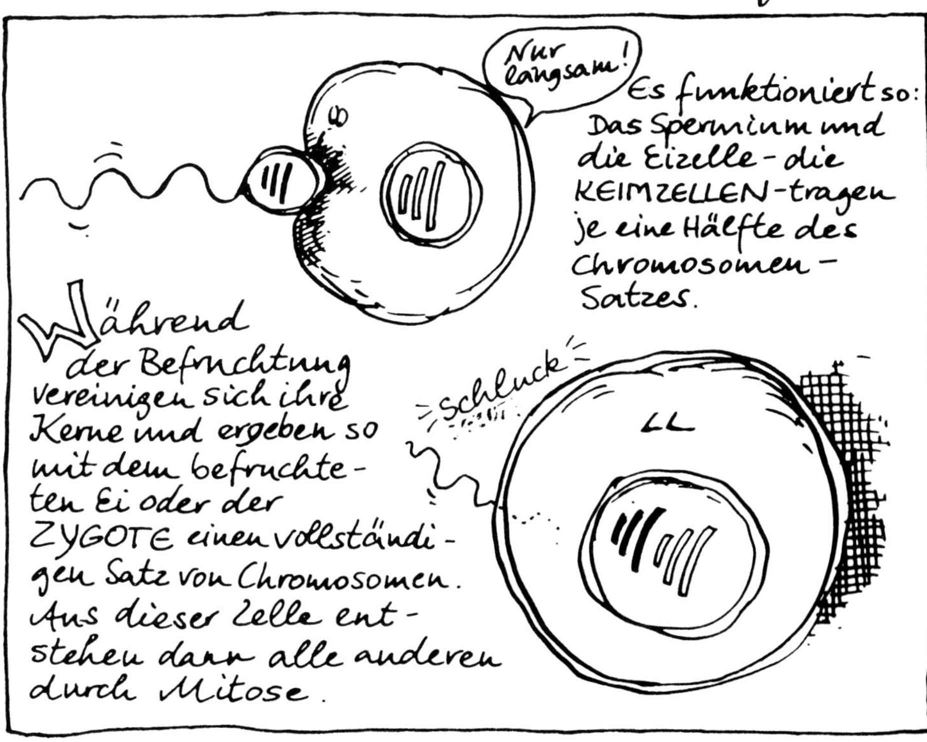

Weiterhin entdeckte der Amerikaner WILLIAM SUTTON (*1902), daß jedes Chromosom eines Spermiums ein entsprechendes Chromosom in der Eizelle hat. (Das sieht man am besten in verdoppelten und kondensierten Chromosomen).

Das heißt, es gibt eigentlich bereits zwei Kopien jedes Chromosoms in einer Zelle. Diese werden „homologe Paare" genannt. (homolog = gleiche Form)"

Menschen, zum Beispiel, mit ihren 46 Chromosomen, haben in Wirklichkeit 23* homologe Paare: Eines von jedem Paar kommt von der Mutter, das andere vom Vater.

Das läßt bereits ahnen, daß es für die Bildung der Keimzellen eine besondere Art der Zellteilung geben muß.

* Mit einer Ausnahme, dem Geschlechtschromosom. Wir werden es später untersuchen.

Dieser Vorgang, der als MEIOSE bezeichnet wird, ist eigentlich eine doppelte Zellteilung:

Wie in der Mitose verdoppeln und verdicken sich die Chromosomen.

Aber dann paaren sich die homologen Chromosomen irgendwie!

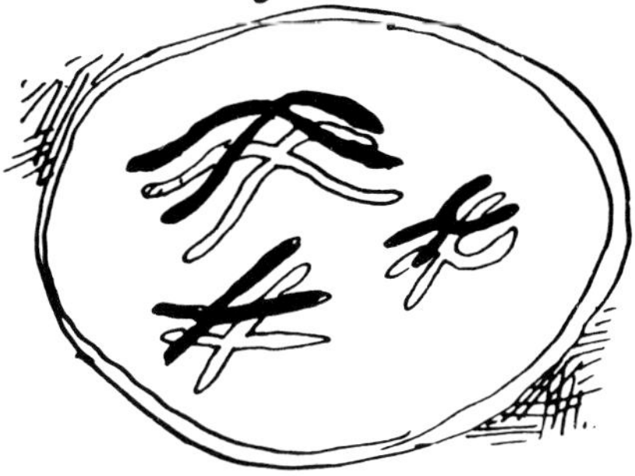

Nach der Ausbildung der Spindelfasern ordnen sich die Chromosomen-Quartette („Tetraden") entlang den Fasern an...

(Mehr davon später!)

...und die PAARE werden getrennt. Beachte den Unterschied zur Mitose!

Sobald sie die Pole erreicht haben, verschwindet die Spindel und neue Spindeln entstehen senkrecht dazu.

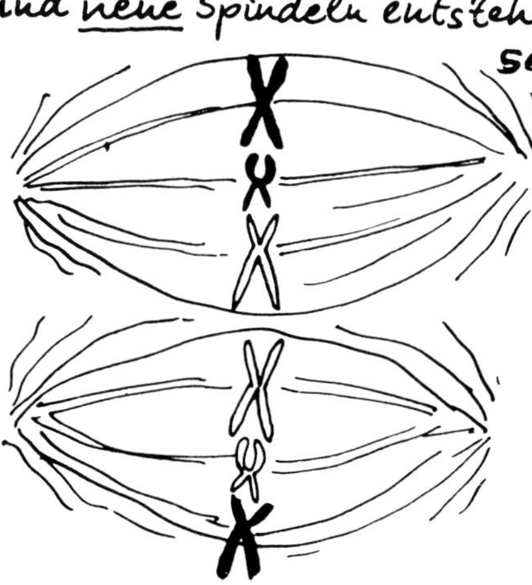

Schließlich trennen sich die Chromosomen wie während der Mitose.

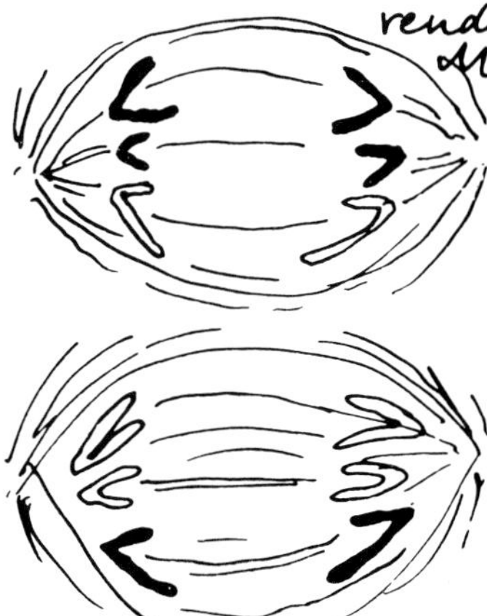

Als Ergebnis der MEIOSE entstehen VIER Zellen, jede mit der Hälfte der Chromosomen wie die Ausgangszelle.
Zähl' sie – in unserm Falle sind es 3 statt 6.

Bemerke: Welche Kopie („Homolog") eines Chromosoms in welche Zelle wandert, ist völlig zufällig.
Jede dieser Kombinationen ist daher genauso wahrscheinlich wie die oben abgebildete.

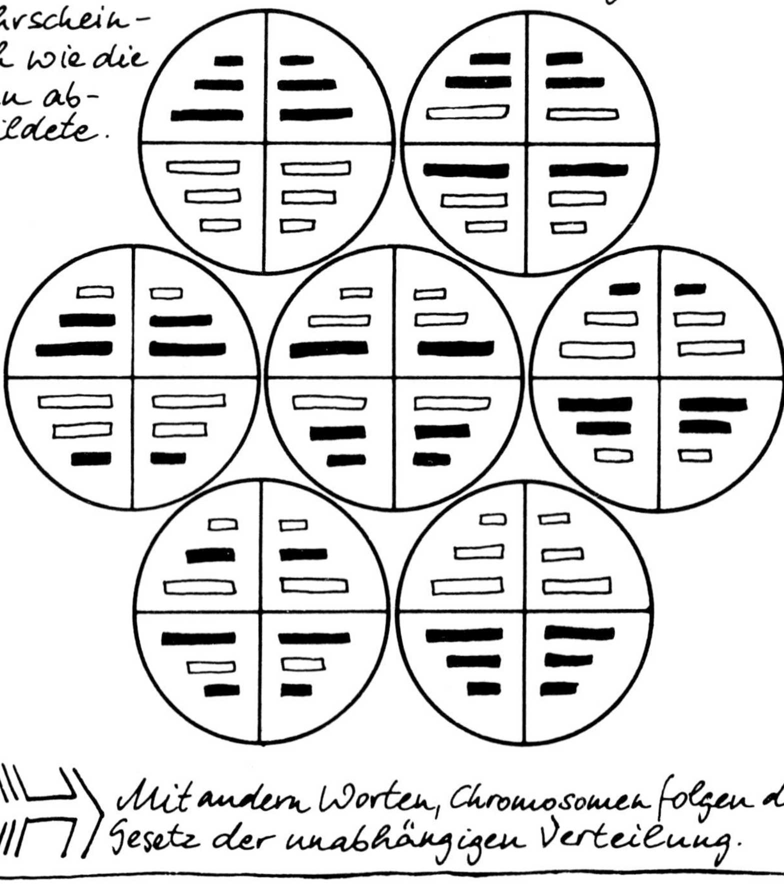

Mit andern Worten, Chromosomen folgen dem Gesetz der unabhängigen Verteilung.

Sobald Meiose und Mitose verstanden waren, begannen Biologen zu vermuten, daß Chromosomen die Vererbung bestimmen... Sie begannen erneut, die Gesetzmäßigkeiten der Vererbung zu untersuchen... und die Wissenschaft schritt wieder rückwärts – zu den Mendelschen Gesetzen!!

Gegen Ende des 19. Jahrhunderts wiederholten drei Wissenschaftler in unabhängigen Experimenten die Versuche des österreichischen Mönchs. Sie hießen:

Im Jahre 1900 durchkämmten alle drei die wissenschaftlichen Bibliotheken auf der Suche nach Vorläufern für ihr eigenes Werk, und alle fanden sie GREGOR MENDEL!

WAS GENAU HATTEN SIE GEFUNDEN?

Chromosomen verhalten sich wie Gene. Sie behalten ihre Identität auch in Hybriden und verteilen sich unabhängig bei der Entstehung von Keimzellen. Es ist daher logisch anzunehmen, daß Gene auf Chromosomen liegen. (Es müssen viele Gene auf jedem einzelnen Chromosom sein, da es weit mehr Gene geben muß als die paar Dutzend Chromosomen, die für die meisten Arten typisch sind.

Die Entdeckung der homologen Paare bestätigte Mendels Beobachtungen. Erinnerst du dich – jede Zelle hat ein Allel-Paar für jedes Gen. Jetzt wurde plötzlich klar:

DIE BEIDEN KOPIEN EINES BELIEBIGEN GENS LIEGEN AN DER GLEICHEN STELLE INNERHALB HOMOLOGER CHROMOSOMEN.

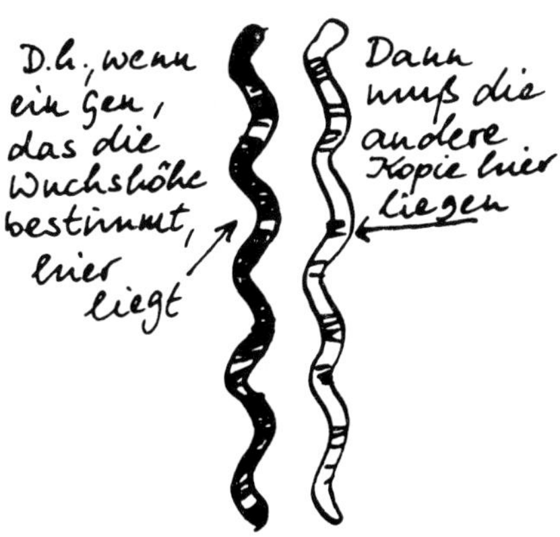

All das stellte sich als richtig heraus ... aber als man tiefer in die Sache eindrang, entdeckte man ein paar Feinheiten, die Mendel nicht bekannt waren ...

Zum einen haben nicht alle Lebewesen zwei Chromosomensätze. Viele niedere Arten, wie zum Beispiel Pilze, haben bloß einen Satz.

Eine Zelle mit einem einfachen Chromosomensatz wird als HAPLOID bezeichnet, eine mit zwei Sätzen als DIPLOID. Unsere Körperzellen sind diploid, während unsere Keimzellen haploid sind.

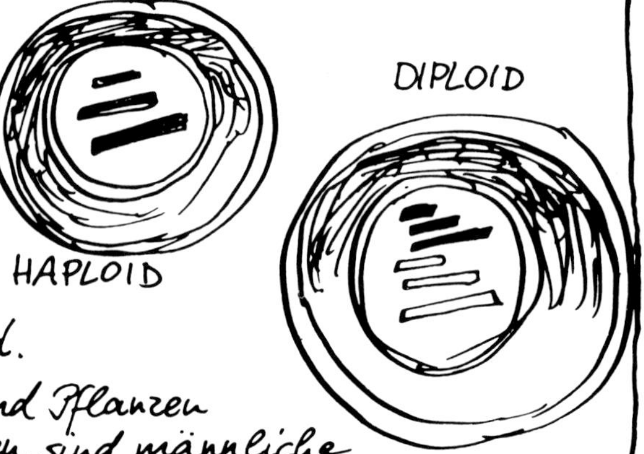

Alle Säuger, Vögel und Pflanzen sind diploid. Dagegen sind männliche Bienen (Drohnen), viele Pilze, sowie sich asexuell vermehrende Einzeller haploid.

Es gibt auch POLYPLOIDE Organismen, also solche mit mehreren Chromosomensätzen. Eine erstaunlich große Zahl der uns bekannten Pflanzen sind polyploid. (Nicht jedoch die Erbsenpflanzen!!)

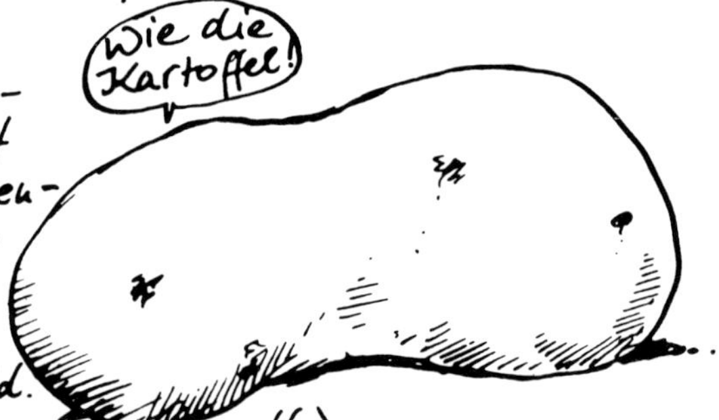

Die andere große Schwierigkeit der Mendelschen Gesetze ist die Regel der unabhängigen Verteilung. Die genaue Bestimmung der Abweichungen von dieser Regel führte zur Möglichkeit, die exakte Position eines jeden Gens auf Chromosomen zu bestimmen ... Lies weiter...

Man könnte sich nun fragen, ob man nicht eine GENETISCHE KARTE herstellen könnte, die genau zeigt, wo jede dieser Einheiten der Vererbung auf den Chromosomen liegt!!

Die Antwort darauf bestand in einem scheinbaren PARADOX – denn in einer Hinsicht stimmten Mendels Befunde nicht mit dem beobachteten Verhalten der Chromosomen überein …

Bemerke: Um einen komplexen Organismus zu steuern, muß die Zahl der Gene ungeheuer groß sein, und dennoch ist die Zahl der Chromosomen in einer Zelle ziemlich klein. Eine Erbsenpflanze hat nur sieben Paare von Chromosomen, eine menschliche 23.

Das Problem ist: Wenn zwei Gene auf dem gleichen Chromosom liegen, WIE KÖNNEN SIE UNABHÄNGIG VONEINANDER SEIN?? Wir haben ja bereits gehört, daß Chromosomen nicht auseinanderbrechen – oder? Sollten nicht verschiedene Gene manchmal gekoppelt sein?

Also, verteilen sich Gene unabhängig oder nicht?

Die Antwort war gemischt ...

Es gibt eine Koppelung bestimmter Gene ... ABER

Chromosomen tauschen ganz gern mal ihre Gene aus, oder (wie es auch genannt wird) sie rekombinieren.

Um dies zu illustrieren, schauen wir uns das Beispiel der gewöhnlichen TOMATEN-PFLANZE an.

... Und versuche bitte unser Beispiel nicht vor Ende der Stunde zu essen ...

Tomaten besitzen ein Gen, das die Beschaffenheit der Haut bestimmt. Das rezessive Allel **p** erzeugt haarige Früchte (Man sieht sie natürlich am Markt nicht oft!)

Weiterhin haben sie ein Wachstumsgen, dessen rezessives Allel **d** Zwergwuchs verursacht.

Die entsprechenden dominanten Allele sind p^+ (glatte Frucht) und d^+ (Normal-Wuchs)

Um das Prinzip der unabhängigen Verteilung zu testen, kreuzen wir eine doppelt-rezessive Pflanze, **pp dd**, mit einer heterozygoten, pp^+dd^+

Haarig, Zwergwuchs pp dd

glatt, Normalwuchs, pp^+dd^+

Nehmen wir an, daß Mendel recht hatte, und daß die p's von den d's unabhängig sind.

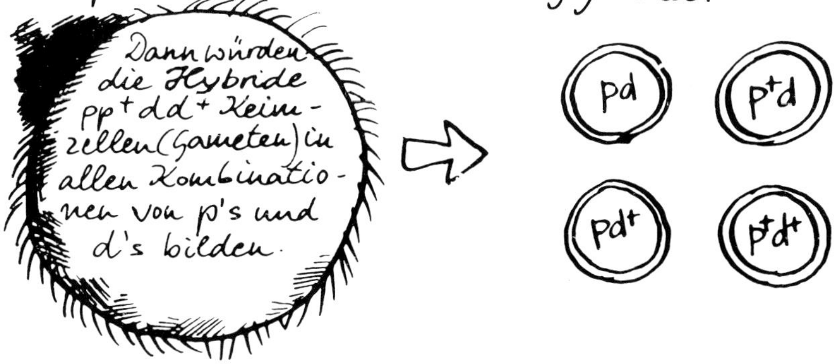

Kreuzt man sie mit der doppelt-rezessiven ppdd-Pflanze, ergibt sich dies:

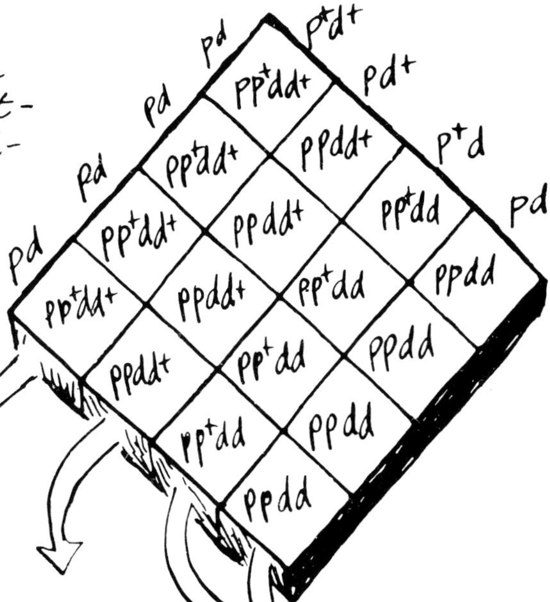

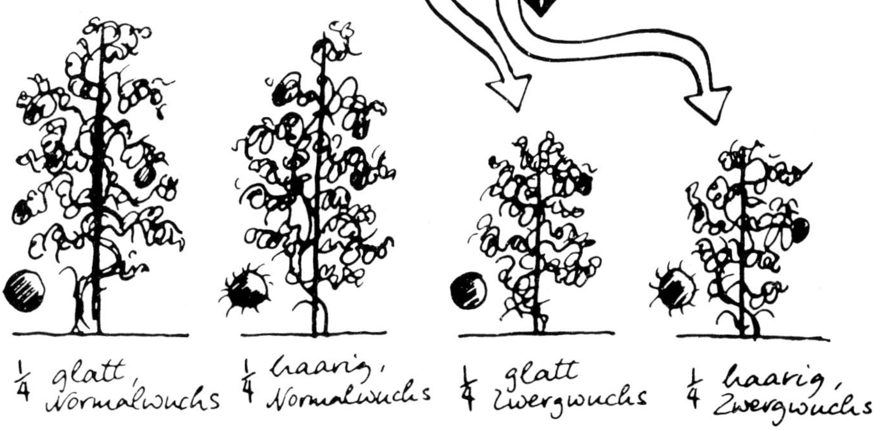

Jetzt nehmen wir einmal an, daß p und d auf den gleichen Chromosomen liegen. Dann liegen die Allele pp+dd+ der Hybride auf dem gleichen homologen Paar:

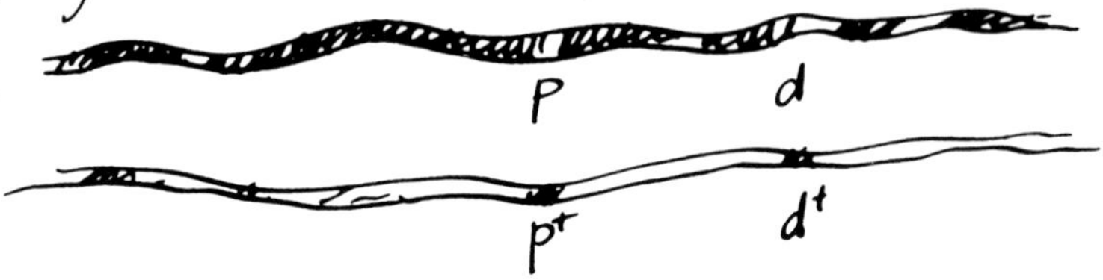

Während der Meiose werden sie so aussortiert:

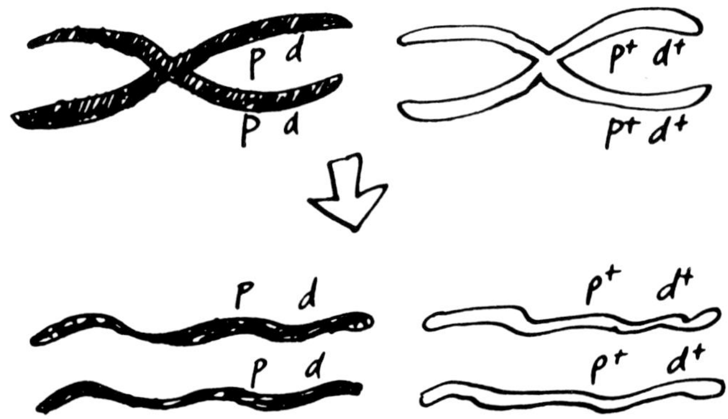

In diesem Fall können nur zwei Typen von Gameten entstehen: pd und p+d+, statt den vier, die noch durch Mendel vorhergesagt worden waren.

Eine Kreuzung mit der doppelt rezessiven ppdd ergibt:

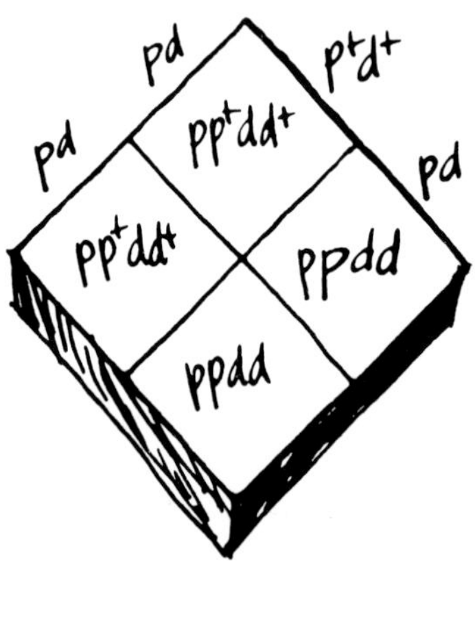

glatt, Normalwuchs
pp+dd+

haarig, Zwergwuchs
ppdd

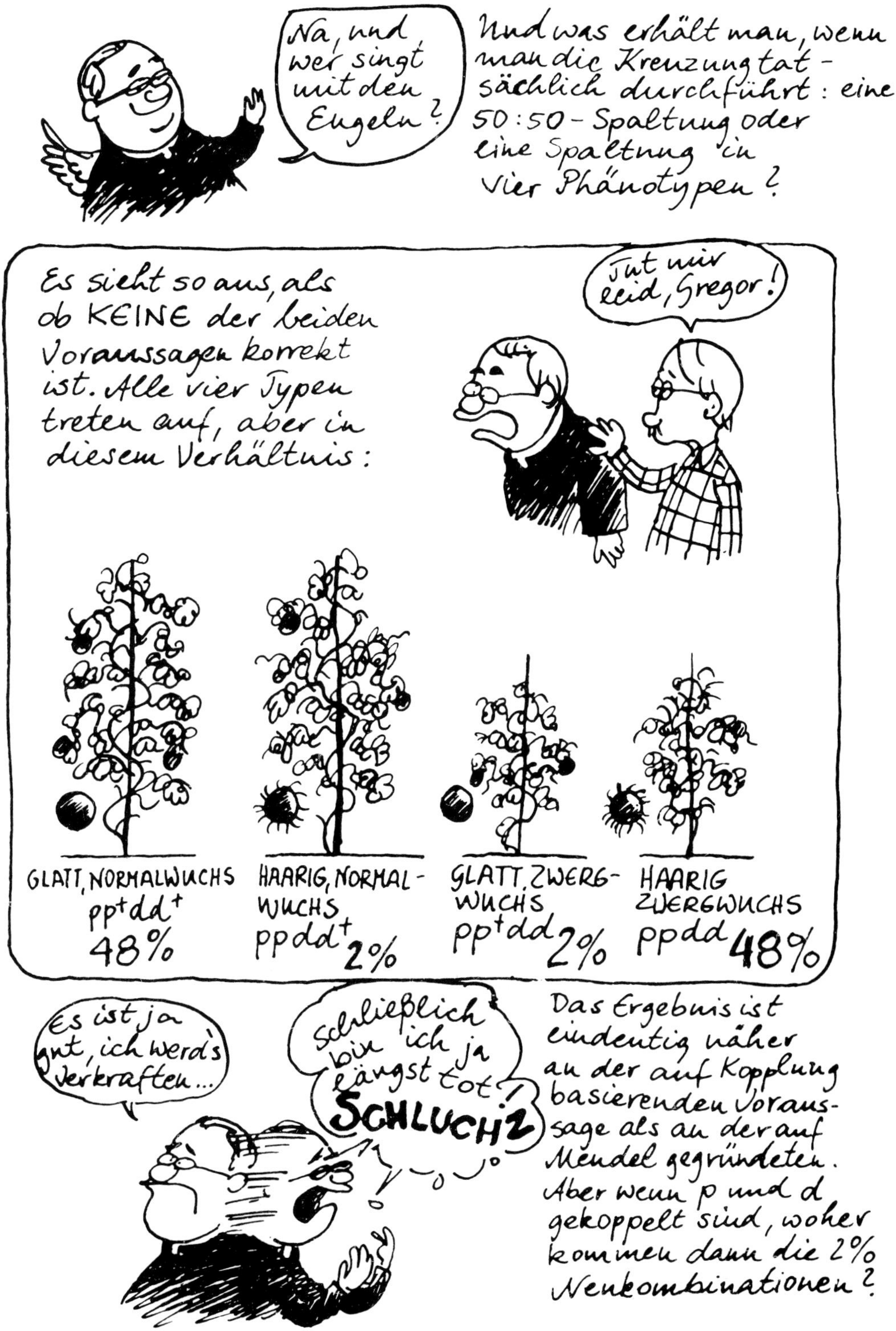
Na, und wer singt mit den Engeln?
Und was erhält man, wenn man die Kreuzung tatsächlich durchführt: eine 50:50-Spaltung oder eine Spaltung in vier Phänotypen?
Es sieht so aus, als ob KEINE der beiden Voraussagen korrekt ist. Alle vier Typen treten auf, aber in diesem Verhältnis:
Tut mir leid, Gregor!
GLATT, NORMALWUCHS pp+dd+ 48%
HAARIG, NORMALWUCHS ppdd+ 2%
GLATT, ZWERGWUCHS pp+dd 2%
HAARIG ZWERGWUCHS ppdd 48%
Es ist ja gut, ich werd's verkraften...
Schließlich bin ich ja längst tot!
SCHLUCHZ
Das Ergebnis ist eindeutig näher an der auf Kopplung basierenden Voraussage als an der auf Mendel gegründeten. Aber wenn p und d gekoppelt sind, woher kommen dann die 2% Neukombinationen?

Um die Spannung nicht zu verlängern: Die Gene p und d sind auf dem gleichen Chromosom, aber die Chromosomen können STÜCKE AUSTAUSCHEN. Man nennt das „CROSSING OVER" (überkreuzen).

Während der Meiose ordnen sich die Homologen so an, daß die entsprechenden Allele gegenüber liegen.

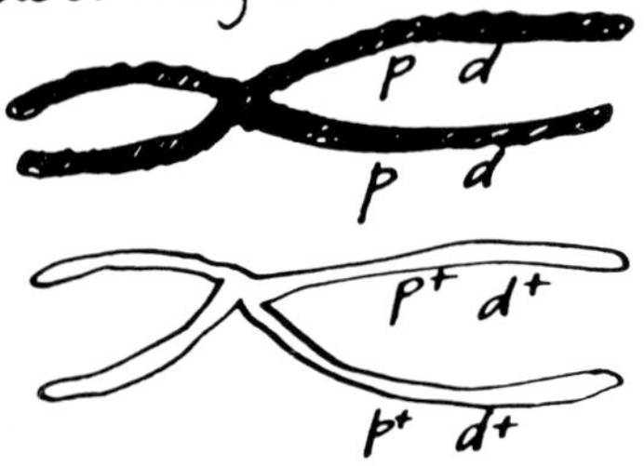

An bestimmten, scheinbar „zufällig ausgewählten" Punkten berühren sie sich:

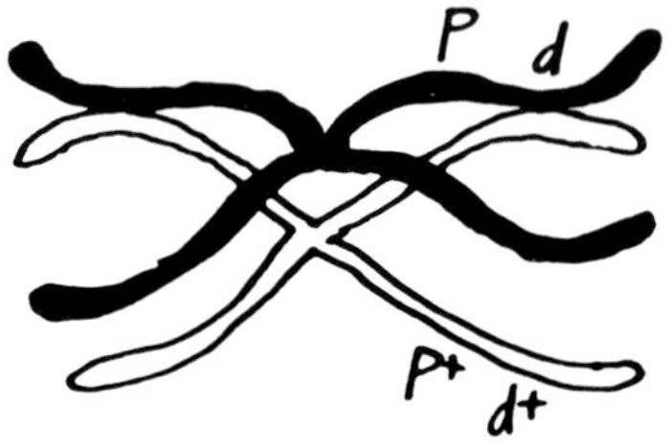

Bestimmte Segmente überkreuzen sich.

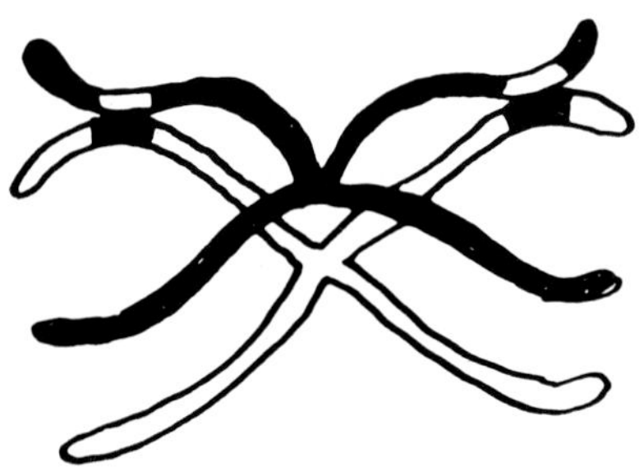

Nach ihrer Trennung entstehen neue Kombinationen von Allelen.

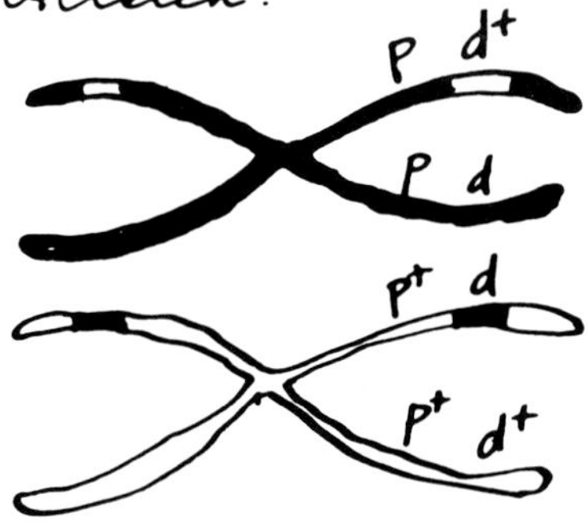

Wenn dieses unseren heterozygoten Hybriden geschieht, erhalten einige der entstehenden Gameten „rekombinierte" Chromosomen. Das erklärt die seltenen Phänotypen.

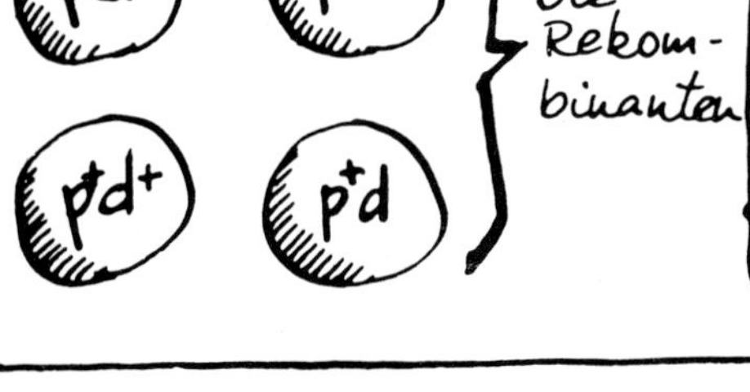

Bemerkung: Dank dem crossing over sind Chromosomen, die du an deine Nachkommen weitergibst, nicht immer genau deine eigenen, sondern können bunt gemischte Kombinationen sein!

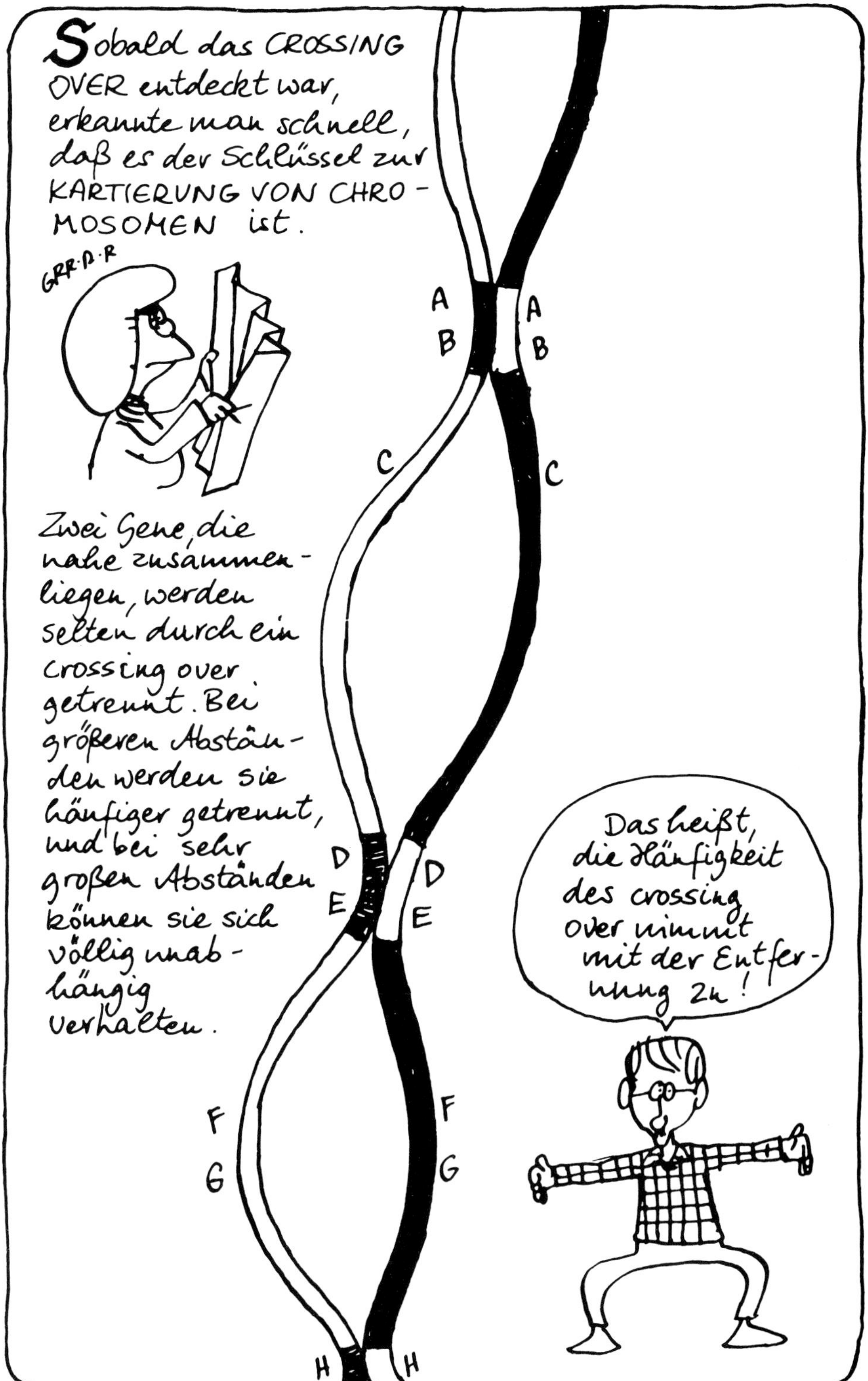
Sobald das CROSSING OVER entdeckt war, erkannte man schnell, daß es der Schlüssel zur KARTIERUNG VON CHROMOSOMEN ist.
A
B
A
B
C
C
Zwei Gene, die nahe zusammenliegen, werden selten durch ein crossing over getrennt. Bei größeren Abständen werden sie häufiger getrennt, und bei sehr großen Abständen können sie sich völlig unabhängig verhalten.
D
E
D
E
Das heißt, die Häufigkeit des crossing over nimmt mit der Entfernung zu!
F
G
F
G
H
H

Also, so stellt man eine Gen-Karte her, ohne jemals ein Gen gesehen zu haben:

Erstens kreuzt man eine große Zahl von Organismen, die sich in mehreren Paaren von Merkmalen unterscheiden.

	A	B	C	D	E	F	G	H
A	0	.27	.03	.04	.33	.48	.19	.41
B	.27	0	.24	.31	.36	.45	.16	.44
C	.03	.24	0	.07	.30			
D	.04	.31	.07	0				
E	.33	.36	.30		0			
F	.48	.45				0		
G	.19	.16						
H	.41	.44						0

Als nächstes beobachtet man, wie oft jedes Paar durch crossing over getrennt wird (indem man sich die Nachkommenschaft anschaut).

Dann werden sie eingetragen: Die, die am stärksten gekoppelt sind, liegen am nächsten, usw.

F B D A C G E H

Man hat dieses Kartierungsverfahren seit 1913 für eine Vielzahl von Organismen angewendet. Nahezu 1000 Gene sind im Bakterium E-coli kartiert worden, ungefähr 300 in der Tomate, 200 in der Maus ..., und ein paar Hundert beim Menschen, obwohl dies durch andere Methoden geschah ...

MUTATION, ODER

EINE VERÄNDERUNG VON GENEN

Selbst bei dieser Häufigkeitsrate addieren sie sich aber! Ein Mensch hat ca. 200 000 Gene, so daß wir im Schnitt 2 Mutationen tragen.

Manchmal ist das Ergebnis einer Mutation lediglich die Entstehung eines neuen REZESSIVEN ALLELS wie die Behaarung bei Tomaten. Man erkennt zunächst überhaupt nichts, bis sich zwei Individuen mit der gleichen Mutation paaren und eine HOMOZYGOTE bilden.
Pfui!
Dann
Manchmal sind Mutationen völlig still – sie erzeugen überhaupt keine sichtbaren Änderungen – und manchmal erzeugen sie Änderungen, die kaum bemerkbar sind ...
Wie ein extra Millimeter auf der Nase!
Aber es kommt auch vor, daß der „genetische Fehler" für die glückliche Mutante von Vorteil ist!
Hm! Das Ei kam also DOCH vor dem Huhn!

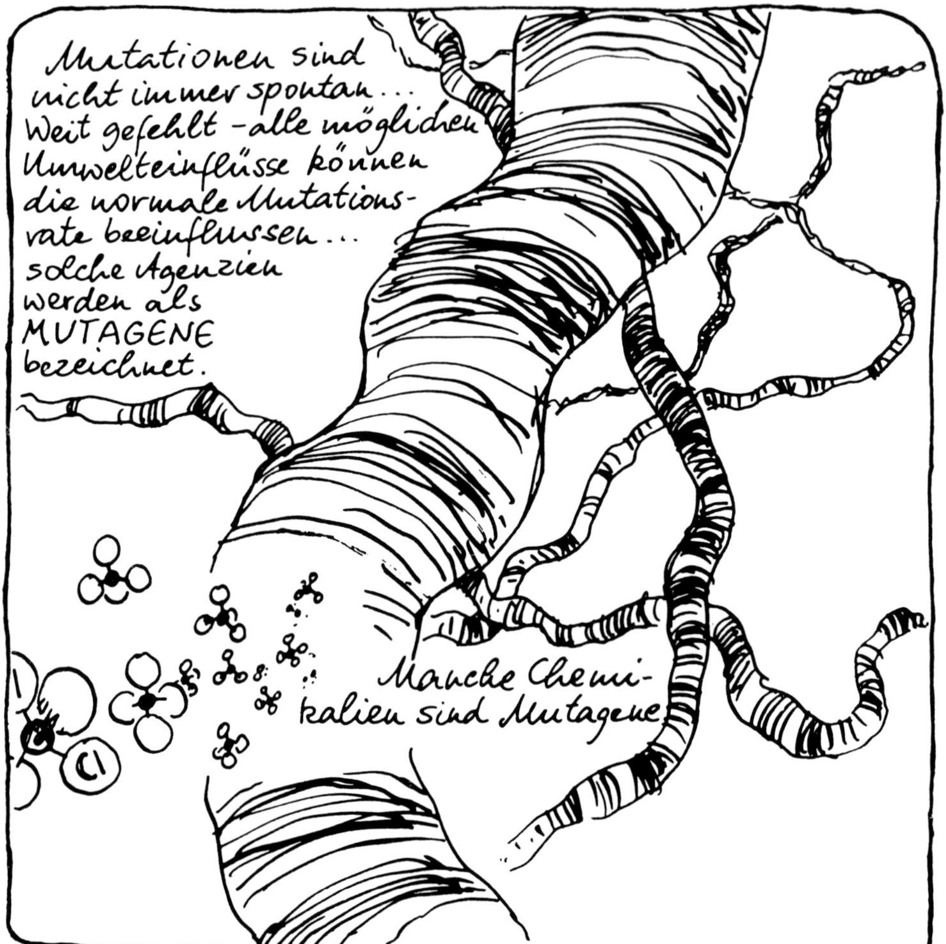
Mutationen sind nicht immer spontan... Weit gefehlt – alle möglichen Umwelteinflüsse können die normale Mutationsrate beeinflussen... solche Agenzien werden als MUTAGENE bezeichnet.
Cl
Manche Chemikalien sind Mutagene

Das gilt auch für die Strahlung... HERMANN MÜLLER gelang als erstem der Nachweis, daß RÖNTGENSTRAHLEN mutagen sind. Das war 1927, als er Fruchtfliegen (ein Lieblingstier der Genetiker) bestrahlte.
Herrmann, Achtung, die Dosis ist zu hoch!
Was?

Mutationen in Körperzellen (SOMATISCHE ZELLEN im Gegensatz zu Keimzellen) spielen eine Rolle bei der Entstehung von Krebs... Logo: Gene kontrollieren alles in der Zelle einschließlich des Vorgangs der Zellteilung. Obwohl die Krebsentstehung noch in vielerlei Hinsicht ein Geheimnis ist, kann man jetzt schon sagen, daß Krebs auf Grund von strukturellen Veränderungen in bestimmten Genen entstehen kann. Als Folge kommt es zu Zellen mit verändertem Wachstumsverhalten.

Viele mutagene Agenzien sind auch KARZINOGEN (Krebs erzeugend) – was auch der Grund ist, warum Produkte der Pharma- und Lebensmittel-Industrie auf mutagene Substanzen geprüft werden... und warum man das Sonnenbaden einschränken sollte, besonders, wenn man eine bleiche Haut hat. (Ultraviolette – UV – Strahlen sind mutagen.)

WAS BESTIMMT DAS GESCHLECHT?

Die Farbe der Erbsenblüten, die Beschaffenheit der Tomatenhaut, die Form von Erbsenschoten – jede dieser Qualitäten wird durch ein einziges Gen kontrolliert… Aber was bestimmt den AUFFÄLLIGSTEN, INTERESSANTESTEN und (beim Menschen) WESENTLICHSTEN Unterschied zwischen einzelnen Individuen: den Unterschied zwischen Mann und Frau?

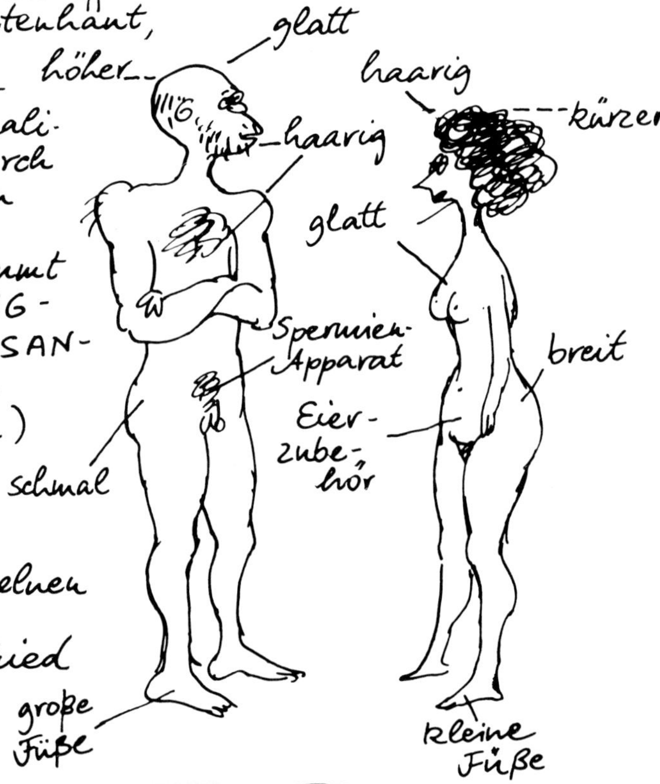

Aber es liegt natürlich an den Genen... Nicht lange nach der Entdeckung der homologen Chromosomen wurde eine Ausnahme bemerkt: Zellen des Mannes besitzen ein Paar <u>nicht</u> homologer Chromosomen!

Das größere der beiden wurde X, das kleinere als Y bezeichnet.

Der einzige Unterschied zwischen (menschlichen) Männchen und Weibchen ist folgender:

Die anderen 22 Chromosomenpaare sind gleich.

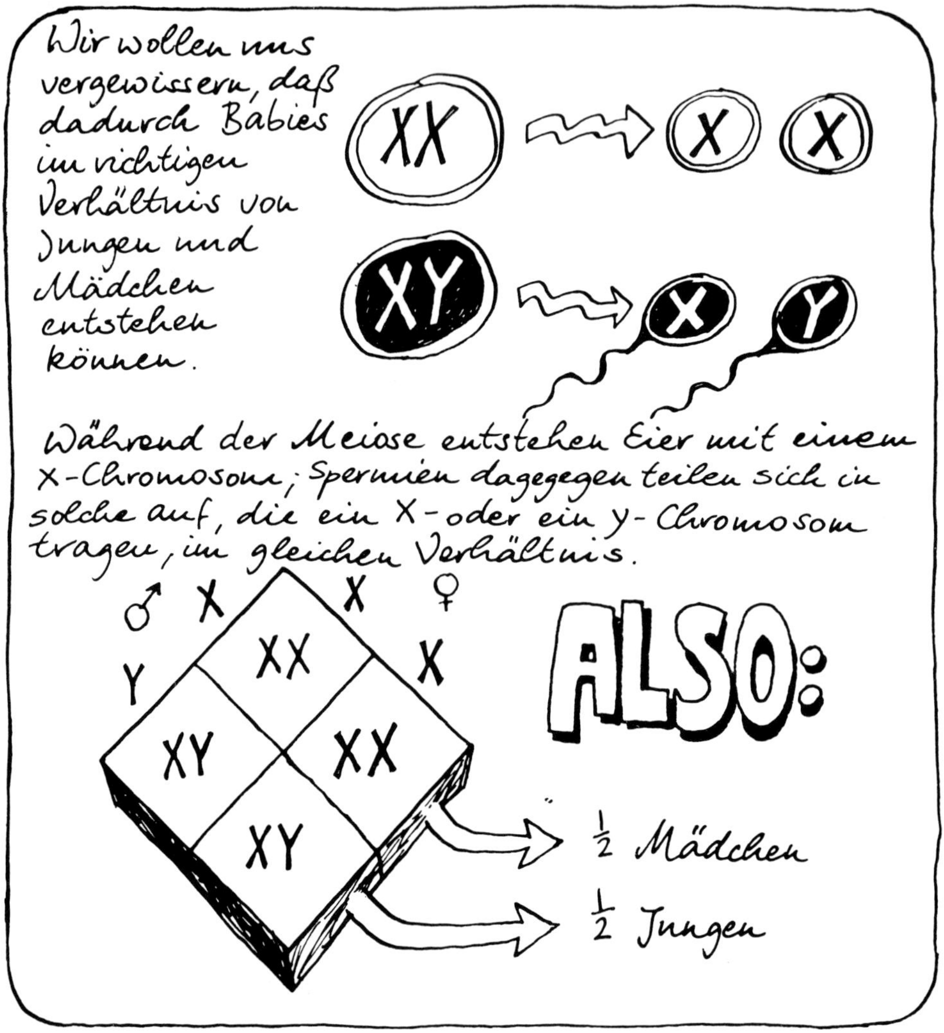
Wir wollen uns vergewissern, daß dadurch Babies im richtigen Verhältnis von Jungen und Mädchen entstehen können.
XX
X
X
XY
X
Y
Während der Meiose entstehen Eier mit einem X-Chromosom; Spermien dagegegen teilen sich in solche auf, die ein X- oder ein Y-Chromosom tragen, im gleichen Verhältnis.
♂ X X ♀
Y
X
XX
XY
XX
XY
ALSO:
½ Mädchen
½ Jungen

Was für eine Erleichterung!

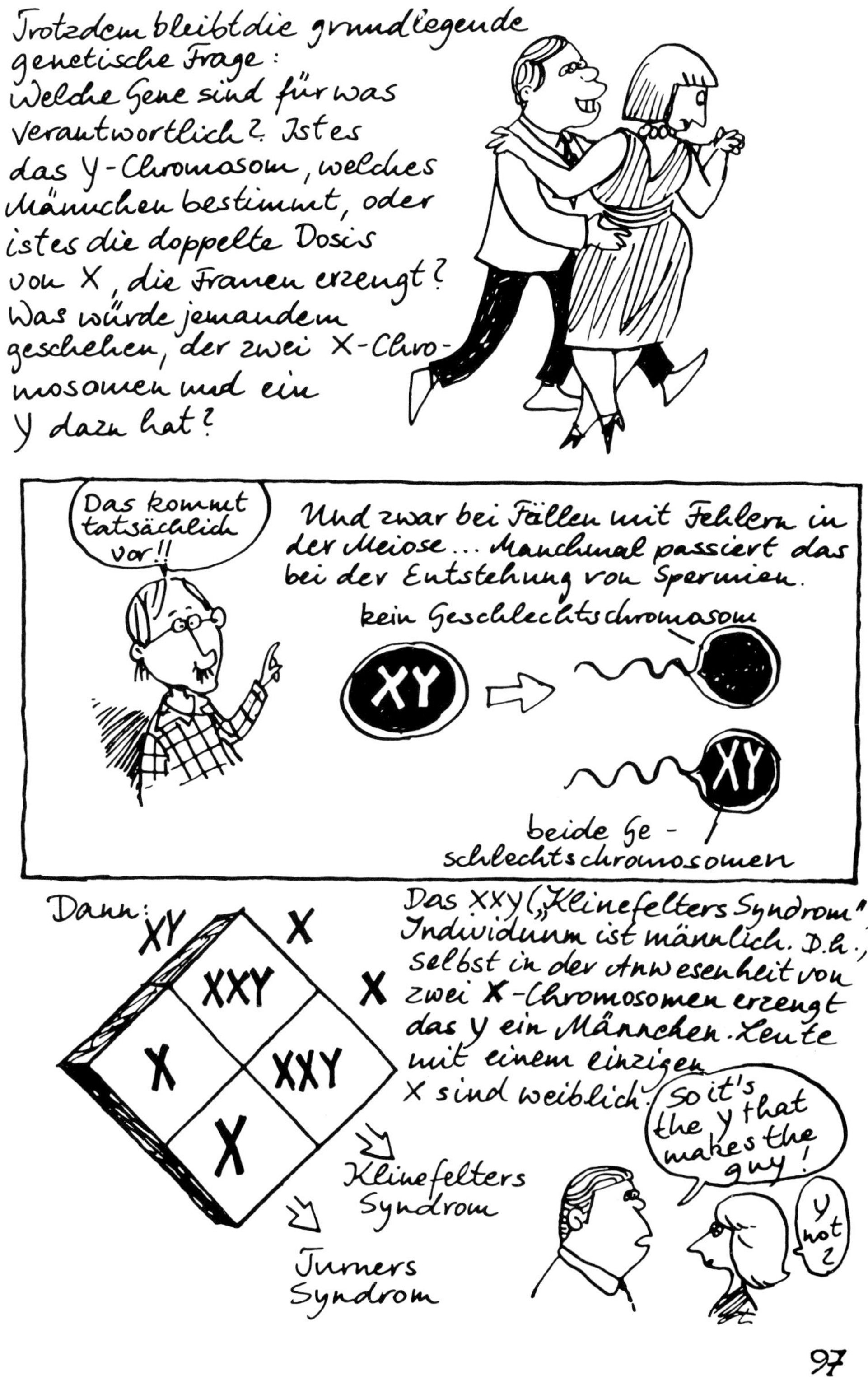
Trotzdem bleibt die grundlegende genetische Frage: Welche Gene sind für was verantwortlich? Ist es das Y-Chromosom, welches Männchen bestimmt, oder ist es die doppelte Dosis von X, die Frauen erzeugt? Was würde jemandem geschehen, der zwei X-Chromosomen und ein Y dazu hat?
Das kommt tatsächlich vor!!
Und zwar bei Fällen mit Fehlern in der Meiose... Manchmal passiert das bei der Entstehung von Spermien.
kein Geschlechtschromosom
XY
XY
beide Geschlechtschromosomen
Dann:
XY
X
X
XXY
X
XXY
X
Klinefelters Syndrom
Turners Syndrom
Das XXY („Klinefelters Syndrom") Individuum ist männlich. D.h., selbst in der Anwesenheit von zwei X-Chromosomen erzeugt das Y ein Männchen. Leute mit einem einzigen X sind weiblich.
So it's the Y that makes the guy!
Y not?

Eine weitere Abnormalität ist der „Super-Mann" mit der Kombination XYY, der ungefähr einmal pro tausend Geburten vorkommt. XYY-Kinder wachsen zu normalen Erwachsenen heran, außer, daß sie ca. 20 mal häufiger im GEFÄNGNIS landen als der Rest der Bevölkerung. Rund 5% aller GEFANGENEN haben ein extra Y-Chromosom. Manche sagen:

* Karyotyp nennt man die Chromosomen-Zusammensetzung eines Organismus.

Die meisten Genetiker würden vorsichtiger sein... Die große Mehrzahl (über 95%) der XYY-Männer sind NICHT im Gefängnis... Man kann also UNMÖGLICH den Schluß ziehen, daß der XYY-Karyotyp Kriminalität verursache!

Und Bienen sind wirklich bie-zarr: Männchen entwickeln sich aus unbefruchteten Eiern. Sie sind HAPLOID, während alle Weibchen DIPLOID sind (d.h. die große Mehrzahl des Bienenstocks). Ansonsten haben Bienen keine spezifischen Geschlechtschromosomen.

Dann gibt es noch ein paar Kuriosa, bei denen es zwischen Männchen und Weibchen überhaupt keinen Unterschied gibt...
Wenn die Larven des Meerwurms BONELLIA sich am Meeresboden festsetzen, entwickeln sie sich zu einem meterlangen Weibchen.
Landet eine Larve aber auf einem Weibchen, dann dringt sie in ihren Körper ein...
SCHLUCK!
...und reift dort zu einem ca. einen Zentimeter langen Männchen heran. Dort verbringt es den Rest seines Lebens!
Wo geht's zu den Eierstöcken?
Und manchmal sind Geschlechtsunterschiede sehr subtil... Bestimmte Protozoen haben zwei Geschlechter, aber sie unterscheiden sich lediglich in einem Gen. Diese Lebewesen vermehren sich ungeschlechtlich, wahrscheinlich, weil sie auch Schwierigkeiten hätten, einen Partner zu finden!
'Tschuldigung, bist du anders?
Wenn du's nicht weißt wie soll ich das wissen!?

* Bei dieser Krankheit gerinnt das Blut nicht. Bluter können deshalb an einer winzigen Wunde verbluten.

Daraus ließe sich schließlich folgern, daß diese Gene auf dem Y-Chromosom liegen – falsch!
Die Bluterkrankheit, Farbblindheit und der erbliche Haarausfall werden alle durch rezessive Allele auf dem X-Chromosom erzeugt.

Nehmen wir das Beispiel der Glatzen:

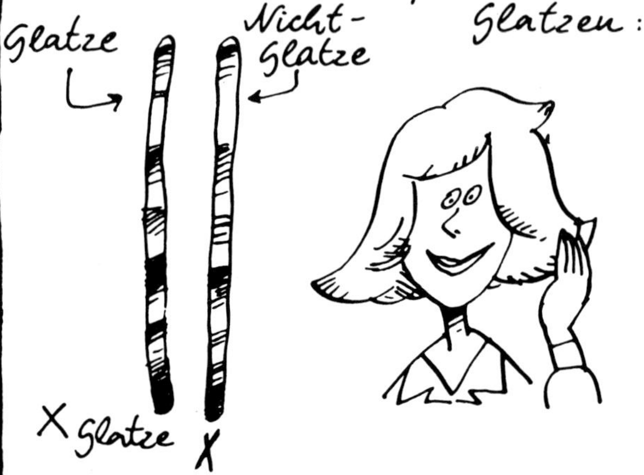

Der Grund, warum Frauen so selten Glatzen haben, ist der, daß sie selbst dann, wenn sie das Glatzen-Allel auf dem X-Chromosom tragen, meistens noch das dominante Nicht-Glatzen-Allel auf dem anderen Chromosom tragen.

Aber es zeigt sich bei Männern, weil das Y-Chromosom überhaupt kein Allel für dieses Gen hat. In Abwesenheit eines dominanten Allels wird jedoch das rezessive Gen aktiv.

Schauen wir uns einmal an, wie diese GESCHLECHTS-GEKOPPELTEN Gene vererbt werden:

Nehmen wir an, eine normale Frau (xx) hat Kinder von einem Mann mit Glatze ($X_{Glatze}Y$)

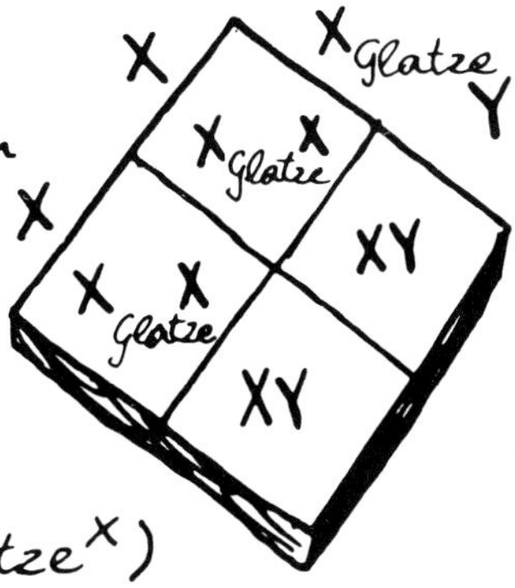

Die Töchter ($X_{Glatze}X$) sind alle TRÄGER... obwohl sie selbst keine Glatzen bekommen tragen sie das rezessive Glatzen-Gen. Die Söhne sind normal.

⇒ Wenn deine Mutter normal ist, kannst du keine Glatzköpfigkeit von deinem Vater erben!

Nächste Generation: Nehmen wir an, daß eine der „Trägerinnen" einen normalen Mann heiratet.

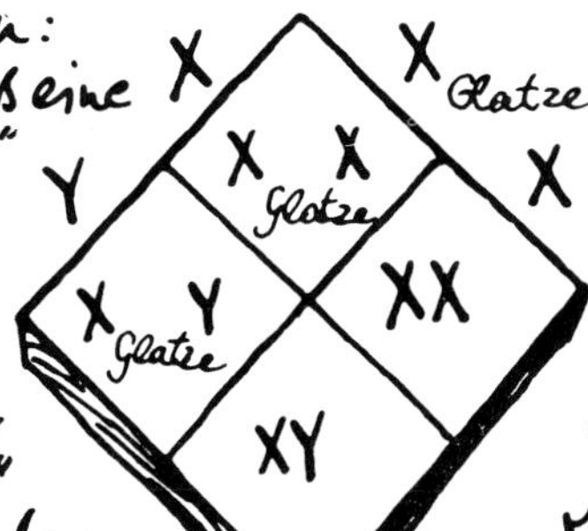

Im Durchschnitt wird die Hälfte der Töchter zu „Trägern" und die Hälfte der Söhne bekommt Glatzen!

⇒ Du kannst eine Glatze von deinem mütterlichen Großvater erben!

Es gibt keinerlei Hinweise auf diese Krankheit unter Viktorias Vorfahren, so daß wir annehmen müssen, daß der Defekt in ihren eigenen Genen als spontane Mutation entstanden ist. Dies geschieht für die Bluterkrankheit mit einer Häufigkeit von einem Fall pro 50.000 Eltern.

Die Bluterkrankheit wird ganz ähnlich wie Glatzen vererbt, und man kann das gut im Stammbaum der Familie von Königin Victoria verfolgen:

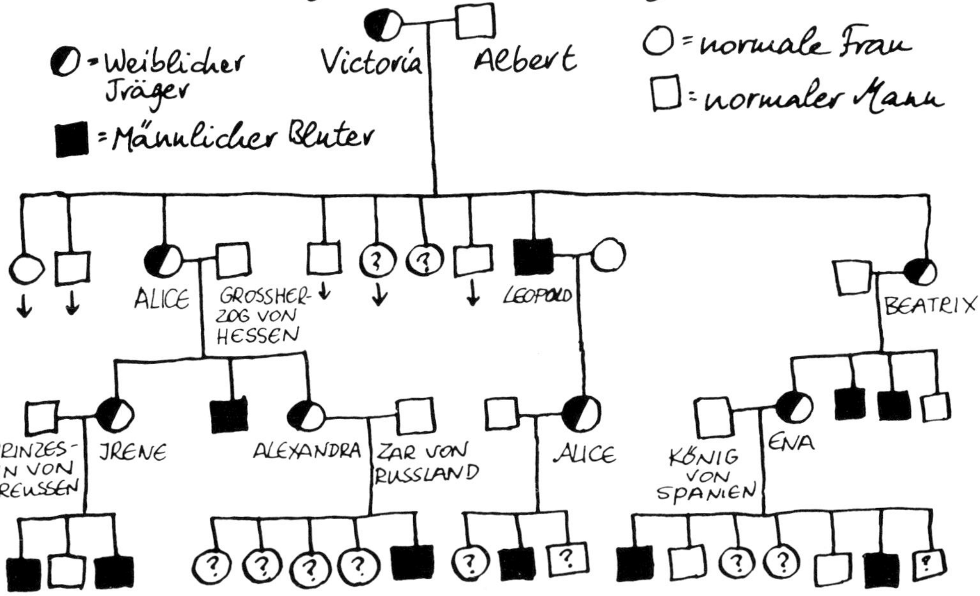

ÜBERLEGEN wir uns noch einmal, wie weit die Wissenschaft bis zum 19. Jahrhundert gekommen war: Mendel und seine Erben hatten alle diese alten Rätsel gelöst: Die Rolle von Mutter und Vater, die Natur der Hybride und der „Abweichler", die Geschlechtsbestimmung und selbst die Grundlage der Lebensmerkmale wurden aufgeklärt...
All diese Dinge wurden durch den Begriff der Gene erklärt... Gene wurden lokalisiert, kartiert, und ihre Vererbungsmuster analysiert. Eine Frage blieb trotzdem noch offen...
Ja – warum tragen Genetiker Spitzbärte?
Muß genetisch sein...
Nein – die Frage ist: Was sind die Gene, und wie funktionieren sie?
Auf zu neuen Ufern!

WAS IST IN EINER ZELLE?

Schauen wir uns das mal genauer an!
Von hier aus läßt sich sehen, daß der Gorilla aus Zellen besteht. Um den Affen zu verstehen, müssen wir wissen, was in diesen winzigen chemischen Fabriken abläuft.
Nun sind aber leider nicht alle Zellen eines Gorillas gleich... Diese ROTEN BLUTKÖRPERCHEN z.B. unterscheiden sich von Hautzellen in mehreren Eigenschaften...
Nervenzellen sind lang und dünn...
Und die Zellen der Muskeln, Augen, Nieren usw. usw. usw. sind alle verschieden!!!

Auch die Banane ist aus verschiedenen Zelltypen aufgebaut...

Jede dieser Zellen ist von einer ganzen Anzahl verschiedener noch kleinerer Gegenstände gefüllt...

...was die genaue Untersuchung von Gorillas und Bananen wesentlich erschwert.
Hmm... Der Golgi-Apparat ist mit dem endoplasmatischen Retikulum verbunden. Das endoplasmatische Retikulum ist mit der Kernmembran verbunden. Die Kernmembran ist mit... Seufz!

Warum hab ich nicht auf meine Mutter gehört? Oh, wäre ich doch bloß RECHTSANWALT geworden.
Tatsächlich sind Gorillas und Bananen so kompliziert, daß die Wissenschaftler schier daran verzweifeln wollten, je die molekularen Grundlagen der Genetik von Pflanzen und Tieren zu verstehen.
Stattdessen entschieden sie sich, einen viel kleineren Organismus zu studieren: eine winzige Kreatur, die in milliardenfacher Zahl mitten ... hier ... drin wohnt!!
Es ist ein Bakterium, ESCHERICHIA COLI, welches in den Gedärmen von Affen und Menschen gedeiht.

Bakterien verbinden wir meist mit einer Krankheit, aber E. coli (wie es meist genannt wird) ist völlig harmlos und sogar nützlich. Wie andere Bakterien auch ist E. coli weitaus einfacher als Zellen höherer Lebewesen. Es entbehrt weitgehend einer inneren Organisation, und seine Chemie, obwohl kompliziert genug, ist wesentlich einfacher als die von Affen und Bananen.

SCHauen wir uns mal eine E. coli-Zelle von innen an ...

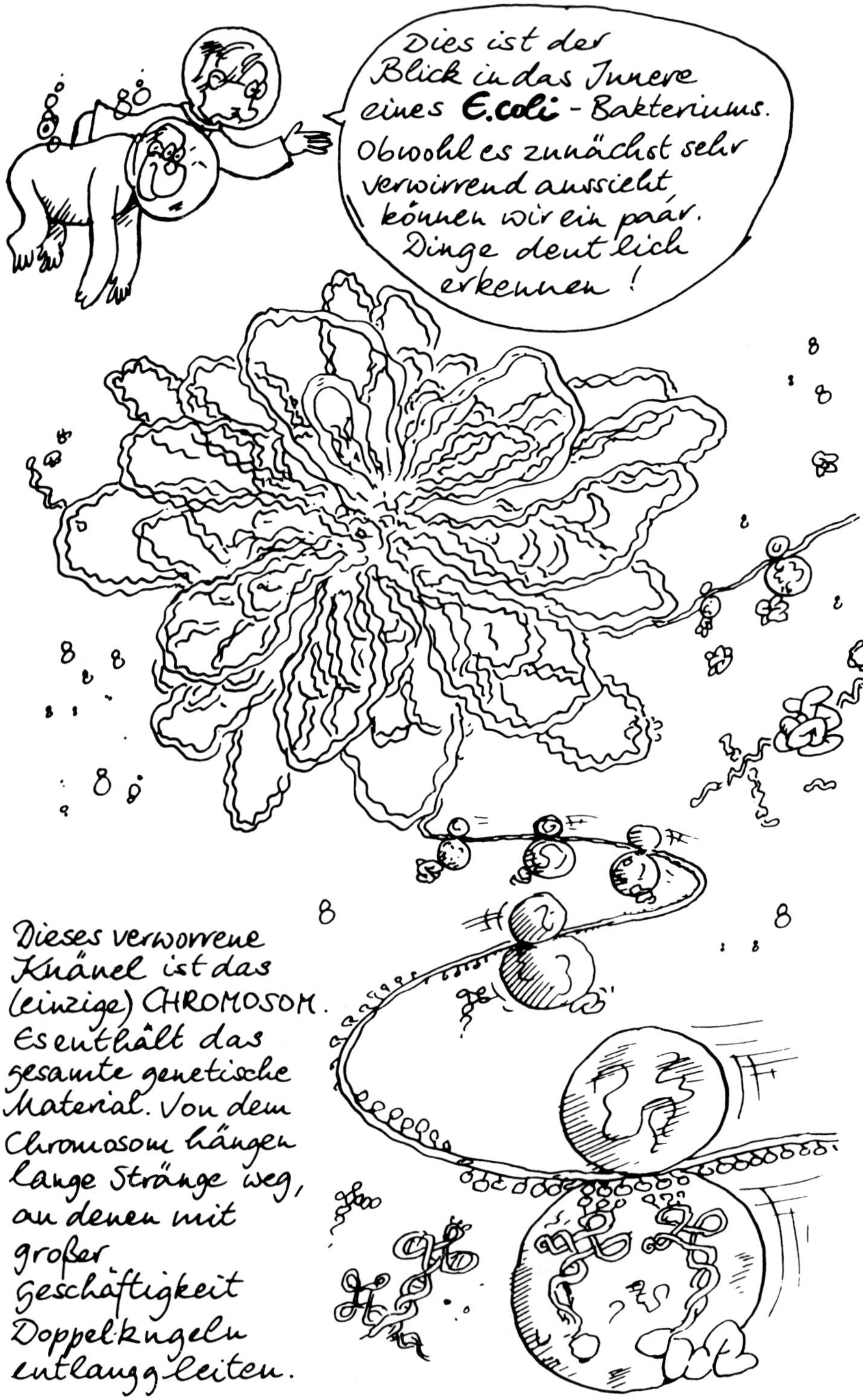
Dies ist der Blick in das Innere eines E.coli-Bakteriums. Obwohl es zunächst sehr verwirrend aussieht, können wir ein paar Dinge deutlich erkennen!
Dieses verworrene Knäuel ist das (einzige) CHROMOSOM. Es enthält das gesamte genetische Material. Von dem Chromosom hängen lange Stränge weg, an denen mit großer Geschäftigkeit Doppelkugeln entlanggleiten.

An diese Bälle heften sich verzwirbelte Schnüre und bilden wurmartige Gebilde, die in sich verklumpt sind. Außerdem sieht man noch überall kleine Stücke von Bausteinen und jede Menge Wasser (ohne das geht es nicht!).

Um dieses komplizierte Gemälde wirklich verstehen zu können, müssen wir noch mehr ins Detail gehen und jeden Einzelbestandteil genauer anschauen.

MAKROMOLEKÜLE

Erstaunlicherweise sind die komplexen Gebilde unserer Zellen so gut wie ausschließlich aus nur sechs verschiedenen Elementen zusammengesetzt.

In der Zelle sind sie zusammengebunden und bilden MOLEKÜLE.

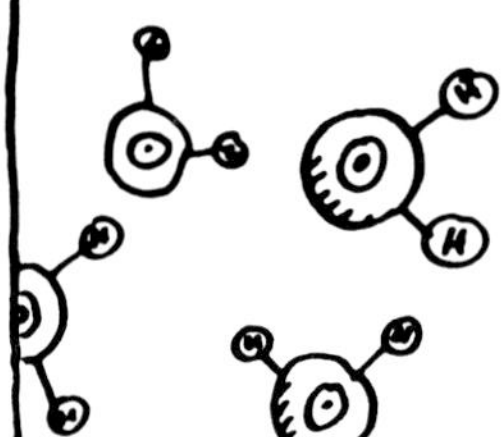

Das einfachste und weitaus häufigste ist das WASSER, H_2O

Ein anderes einfaches ist das pyramidenartig aufgebaute PHOSPHAT, PO_4.

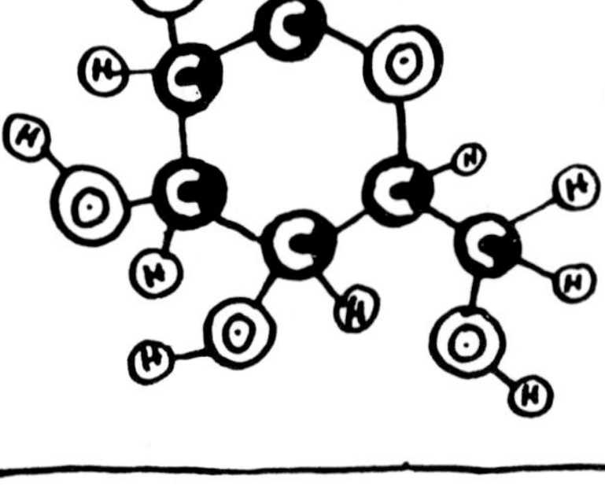

Ein bißchen größer sind die ringförmig aufgebauten ZUCKER. Dies hier ist GLUKOSE, $C_6H_{12}O_6$.

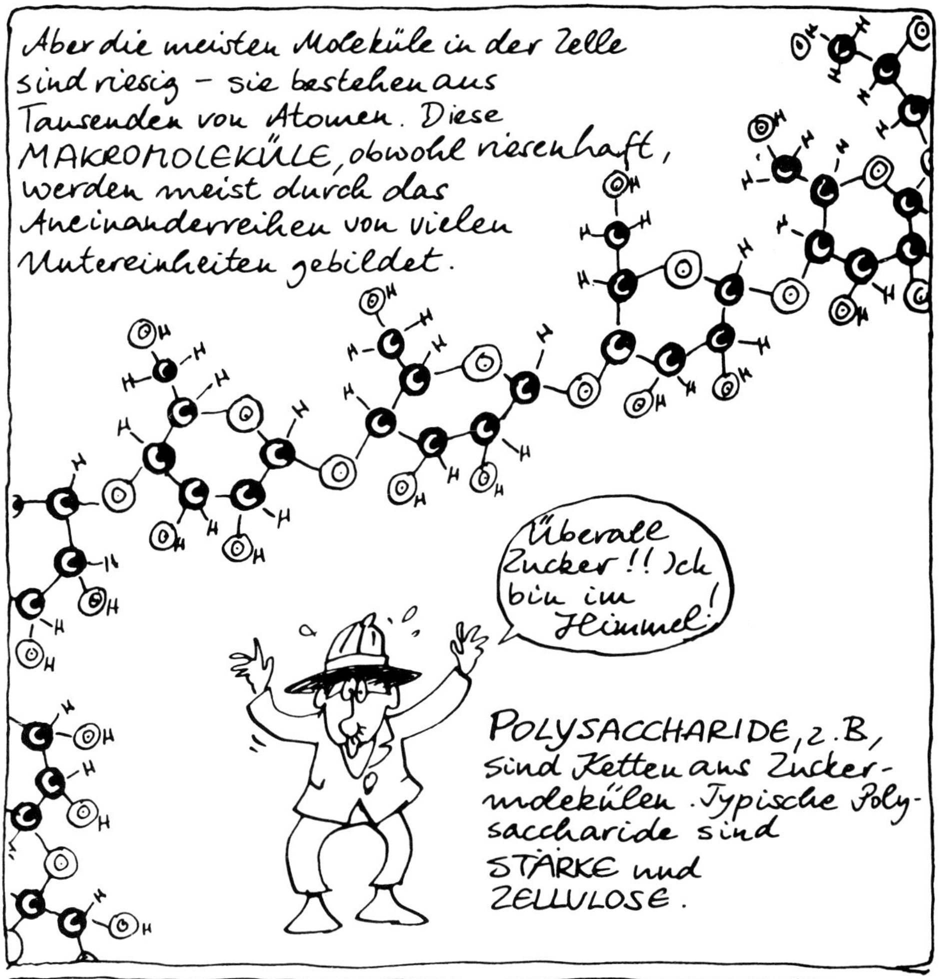
Aber die meisten Moleküle in der Zelle sind riesig – sie bestehen aus Tausenden von Atomen. Diese MAKROMOLEKÜLE, obwohl riesenhaft, werden meist durch das Aneinanderreihen von vielen Untereinheiten gebildet.
Überall Zucker!! Ich bin im Himmel!
POLYSACCHARIDE, z.B., sind Ketten aus Zuckermolekülen. Typische Polysaccharide sind STÄRKE und ZELLULOSE.

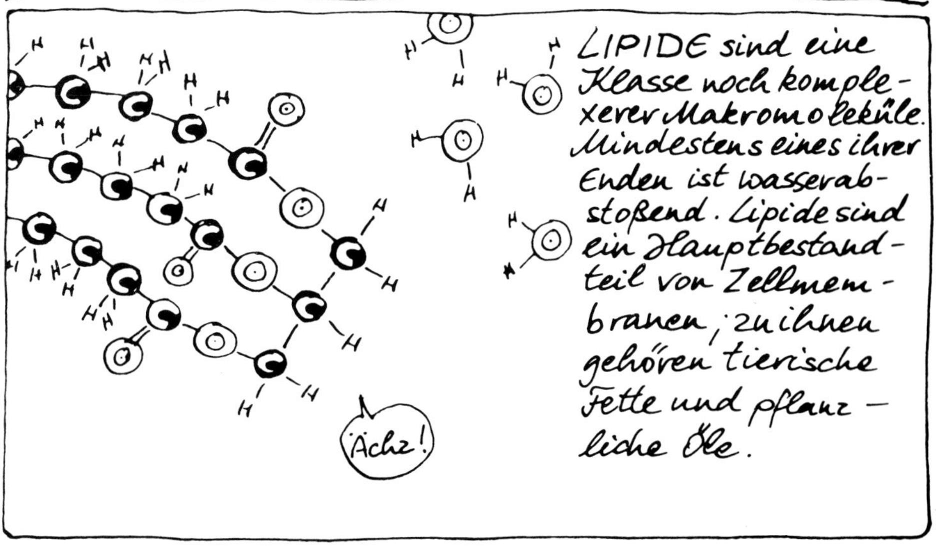
LIPIDE sind eine Klasse noch komplexerer Makromoleküle. Mindestens eines ihrer Enden ist wasserabstoßend. Lipide sind ein Hauptbestandteil von Zellmembranen; zu ihnen gehören tierische Fette und pflanzliche Öle.
Ächz!

Noch komplexer, aber von höchster Wichtigkeit in der Genetik sind die NUKLEINSÄUREN und Proteine. Paß' gut auf:

Die Bausteine der Nukleinsäuren werden NUKLEOTIDE genannt. Jedes Nukleotid besteht wiederum aus drei Teilen: ein ZUCKER, ein PHOSPHAT und eine BASE, nämlich so:

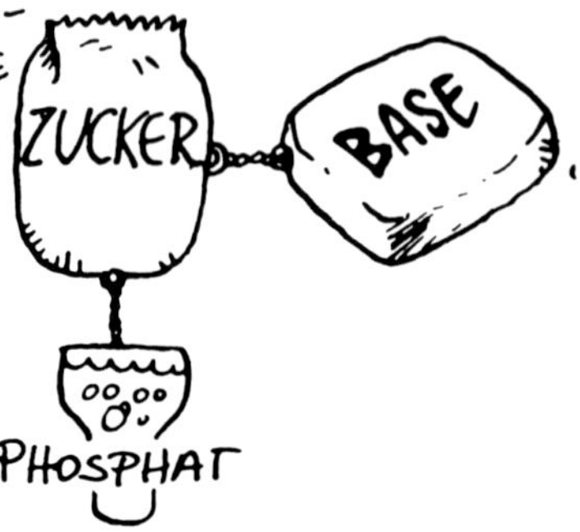

Diese Teile sind zu einem laaaaaangen Zucker-phosphat-„Rückgrat" zusammengeknüpft, aus welchem die Basen herausragen.

ZUCKER – BASE
/
PHOSPHAT
\
ZUCKER – BASE
/
PHOSPHAT
\
ZUCKER – BASE
/
PHOSPHAT
\
... usw.!!

Dieses kann sich über Millionen von Nukleotiden erstrecken.

Die Nukleinsäure-Zucker kommen in zwei Varianten vor. Sie sind hier ohne die verwirrenden Wasserstoff-Atome dargestellt:

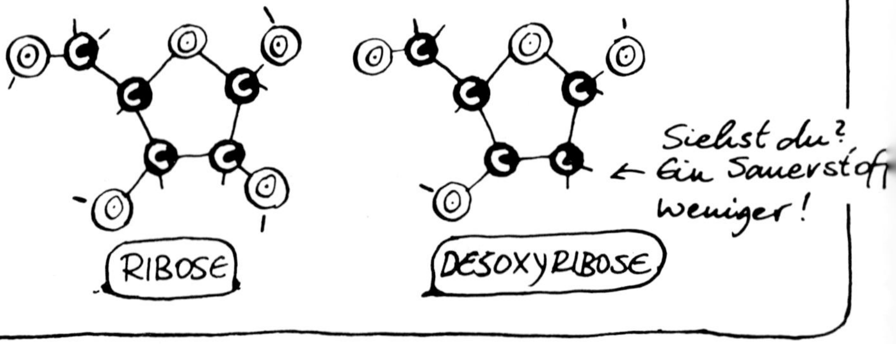

Die Phosphat-Gruppe

hängt am Zucker:

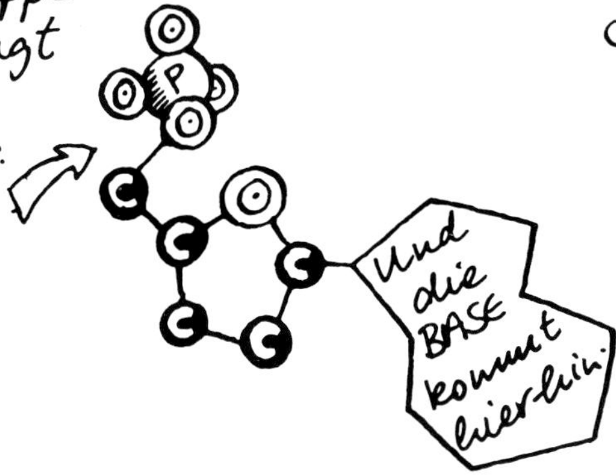

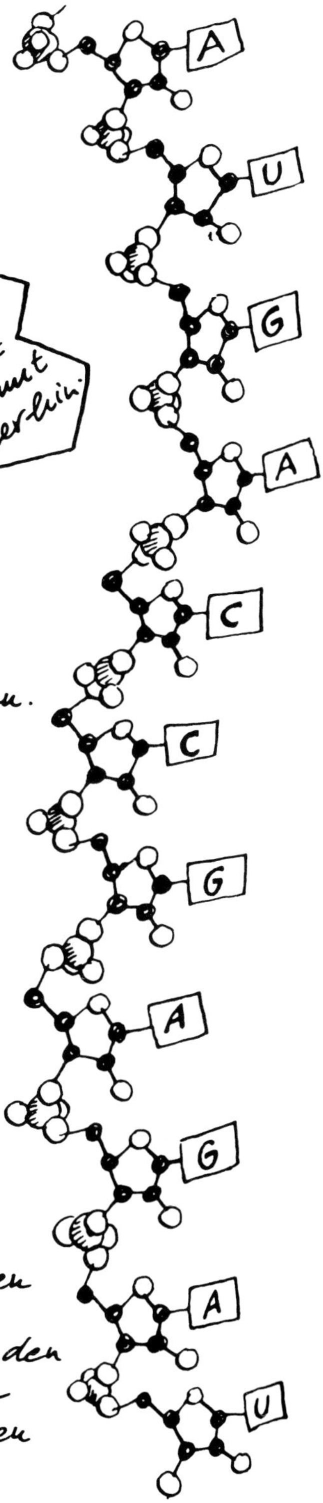

Wir werden die Basen später beschreiben ... Im Augenblick reicht es, wenn wir wissen, daß es fünf verschiedene gibt, die die Spitznamen A, C, G, T und U tragen.

Innerhalb jeder Art von NUKLEINSÄURE-MAKROMOLEKÜLEN sind die ZUCKER IMMER GLEICH.

Nukleinsäuren mit Ribose heißen Ribonukleinsäuren oder RNA (für ribonucleic acid). Die mit Desoxyribose heißen DNA (Desoxyribonukleinsäure, natürlich!)

Sowohl in DNA wie in RNA können die Basen von Nukleotid zu Nukleotid verschieden sein, was den Nukleinsäuren das Aussehen von Botschaften in einer merkwürdigen molekularen Sprache gibt!

PROTEINE

sind die kompliziertesten aller Makromoleküle. Der Biologe MAX F. PERUTZ* verbrachte 25 Jahre – den Großteil seiner Karriere – damit, EINES davon: das HÄMOGLOBIN, zu analysieren. Dieses Protein befördert den Sauerstoff im Blut. Für seine Arbeiten bekam Perutz 1962 den Nobelpreis.

Aber in gewisser Hinsicht sind Proteine auch einfach: wie andere Makromoleküle bestehen sie aus Ketten kleinerer Untereinheiten.

(Das Hämoglobin besteht eigentlich aus zwei Paaren solcher Ketten, die ein symmetrisches Knäuel bilden.)

Die Untereinheiten der Protein-Moleküle sind die AMINOSÄUREN, die jedoch nicht nach IDI AMIN benannt worden sind.

*(*1914)

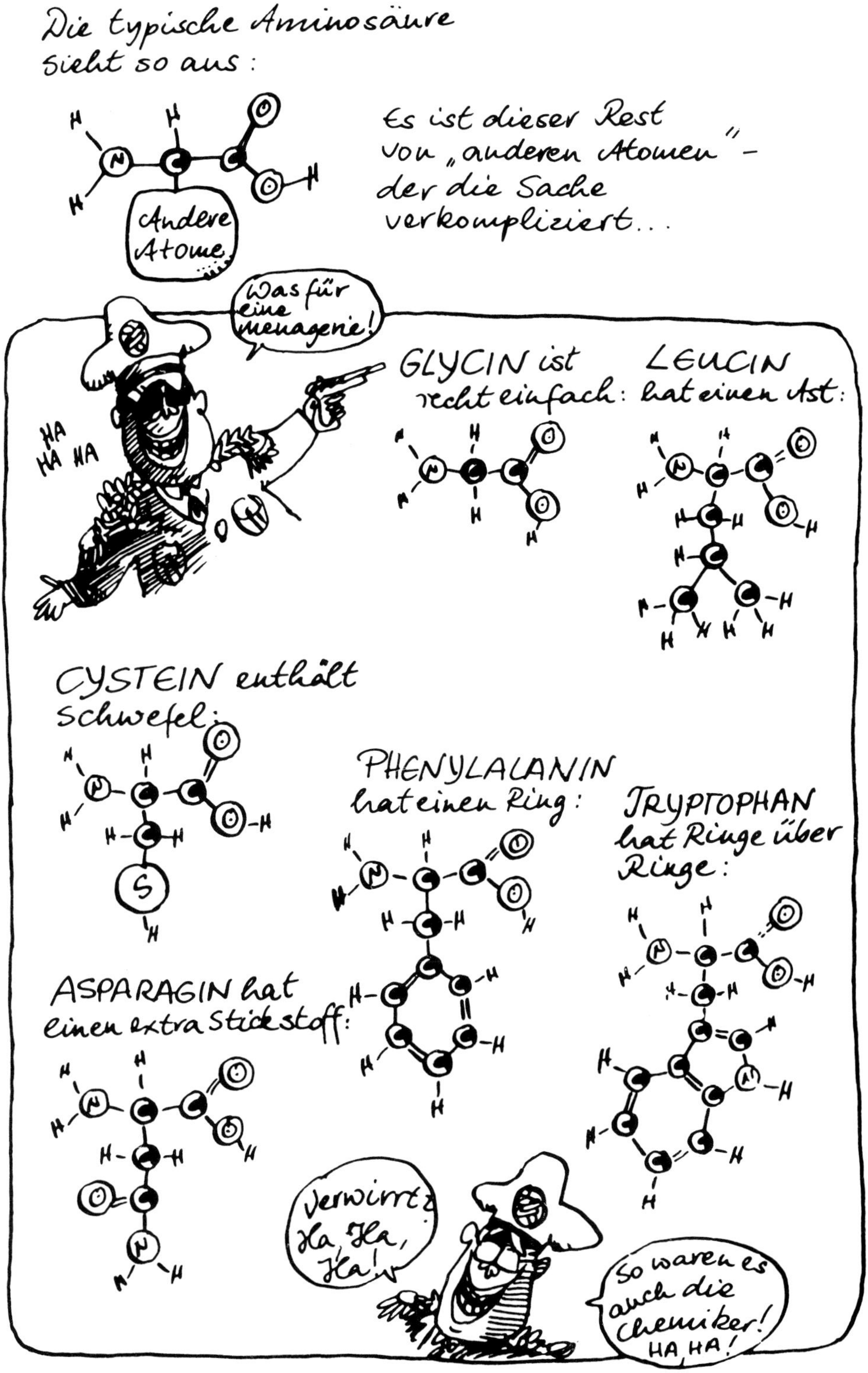
Die typische Aminosäure sieht so aus:
Andere Atome
Es ist dieser Rest von „anderen Atomen" – der die Sache verkompliziert...
Was für eine menagerie!
HA HA HA
GLYCIN ist recht einfach:
LEUCIN hat einen Ast:
CYSTEIN enthält Schwefel:
S
PHENYLALANIN hat einen Ring:
TRYPTOPHAN hat Ringe über Ringe:
ASPARAGIN hat einen extra Stickstoff:
Verwirrt? Ha, Ha, Ha!
So waren es auch die Chemiker! HA, HA!

Alles in allem sind es 20 „STANDARD" Aminosäuren, die Proteine bilden:

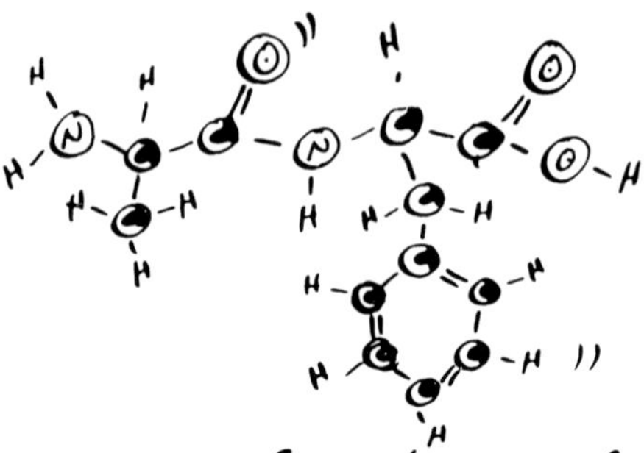

Amino Säure	Abgekürzt als:
GLYCIN	GLY
ALANIN	ALA
VALIN	VAL
LEUCIN	LEU
ISOLEUCIN	ILE
SERIN	SER
THREONIN	THR
ASPARAGIN-Säure	ASP
GLUTAMIN-Säure	GLU
LYSIN	LYS
ARGININ	ARG
ASPARAGIN	ASN
GLUTAMIN	GLN
CYSTEIN	CYS
METHIONIN	MET
PHENYLALANIN	PHE
TYROSIN	TYR
TRYPTOPHAN	TRP
HISTIDIN	HIS
PROLIN	PRO

Jede von ihnen kann sich mit jeder anderen zu <u>Peptiden</u> verknüpfen. Kommen noch mehr dazu, spricht man von POLYPEPTIDEN oder PROTEIN-KETTEN.

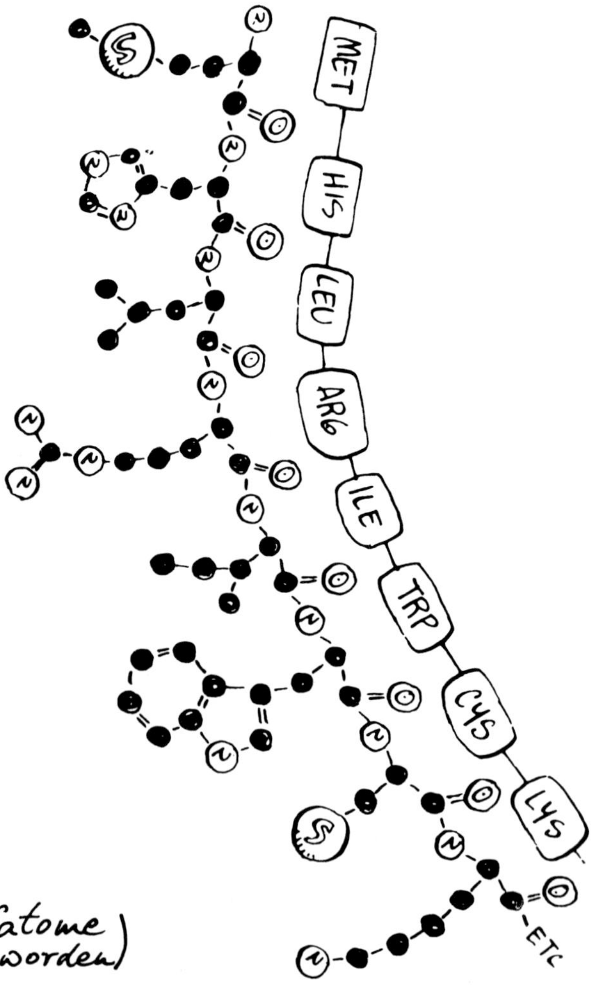

(Die Wasserstoffatome sind weggelassen worden)

Keine tanzt aus der Reihe!!
Jedes Protein hat eine genau festgelegte Zahl und Reihenfolge von Aminosäuren. Durch gegenseitige Anziehung spulen sie sich zu ziemlich kompakten aber flexiblen Strukturen auf.
Kicher, kicher
(Oft, wie beim Hämoglobin legen sich mehrere Ketten aneinander.)
Was leisten Proteine für eine Zelle? Du denkst wahrscheinlich an das Zeug in Haarwaschmitteln... oder vielleicht weißt du, daß Protein in Fingernägeln, Federn und Haar vorkommt... Aber in Wirklichkeit sind die meisten Proteine noch was ganz anderes...
NEU!
BIO-PROTEIN DUSCH NICHT TRINKEN!
Die meisten Proteine sind ENZYME!
Ha, Ha, Ha, Aha!

ENZYME SIND PROTEINE, DIE ANDERE MOLEKÜLE ENTWEDER ZUSAMMENSETZEN ODER AUSEINANDERNEHMEN. JEDES ENZYM IST AUSSCHLIESSLICH FÜR EINE SPEZIFISCHE CHEMISCHE REAKTION VERANTWORTLICH.

Ein typisches Enzym lauert den richtigen Molekülen auf.

Das Enzym bindet die kleinen Moleküle ...

... und verbindet sie ...

... zu einem neuen Molekül, das dann wieder freigelassen wird.

Das Enzym selbst bleibt dabei unverändert.

Auf ähnliche Weise verkleinern VERDAUUNGS-Enzyme große Moleküle. Verschiedene Arten, z.B., beißen Zucker aus Polysacchariden heraus!

Diese Proteine sind deshalb so wichtig, weil fast jede chemische Reaktion von Lebewesen durch irgendwelche Enzyme bewirkt wird.
Wenn chemische Stoffe durch die Wurzeln eines Bananenbaumes dringen, werden sie durch die Enzyme der Pflanze in Bestandteile einer Banane umgewandelt.
Hmm!
Wird die Banane vom Gorilla gefressen, verdauen die Enzyme des Affen die Frucht und wandeln sie in einen Affen um ...
Gurgel
... und genauso macht es E. coli, das seine eigenen Enzyme besitzt.
Mit anderen Worten:
Ein Organismus wird durch Enzyme gemacht
Und was, glaubst du, macht das Enzym?

EIN GEN, EIN ENZYM

(1903-1989) (1909-1975)

Der Zusammenhang zwischen Genen und Enzymen wurde in den 40er Jahren deutlich, dank der Versuche der Biologen GEORGE BEADLE und EDWARD LAWRIE TATUM (beide Nobelpreis 1958), die mit dem Schimmelpilz NEUROSPORA in künstlichen Nährmedien arbeiteten.

Sie fanden, daß bestimmte Mutanten MEHR CHEMISCHE NÄHRSTOFFE für ihr Wachstum benötigen als der normale Schimmelpilz. Eine Mutante z.B. brauchte eine zusätzliche Aminosäure, während eine andere auf ein bestimmtes Vitamin angewiesen war.

Die Erklärung lag darin, daß der normale Schimmel die fehlenden Nährstoffe aus anderen Stoffen herstellen konnte...
... während dies die Mutanten nicht konnten. Es FEHLTEN ihnen einige der dazu notwendigen ENZYME.
In ausgedehnten Kreuzungsversuchen und biochemischen Analysen fanden sie, daß die MUTATION eines EINZELNEN GENS zu dem AUSFALL eines EINZELNEN ENZYMS führte.
Oder, um es anders auszudrücken...
DIE ROLLE DER GENE IM STOFFWECHSEL BESTEHT DARIN, ENZYME HERZUSTELLEN, UND JEDES GEN IST FÜR EIN BESTIMMTES ENZYM VERANTWORTLICH.
Kurz: EIN GEN, EIN ENZYM!

Also das MACHEN die Gene – nämlich Enzyme – aber noch verstand niemand genau, was sie WAREN... Ein erster Schritt in diese Richtung wurde jedoch bereits in den Zwanzigern durch FRED GRIFFITH getan.
Eigentlich durch Zufall!

Griffith arbeitete mit zwei Stämmen des Pneumonie-Erregers PNEUMOCOCCUS. Der eine war der natürlich vorkommende "Wild-typ"-Stamm.
Dem anderen Stamm fehlte ein bestimmtes Enzym, das beim „Wildtyp" die Entstehung einer Kapsel bewirkt.
Nach Injektion in Mäuse tötete der „Wildtyp" unweigerlich sämtliche Tiere...
Die PNEUMOCOCCUS-Mutanten dagegen waren harmlos.
Da staunste, was?

Griffith nahm Bakterien des Wildtyps und tötete sie durch Abkochen.
Wie erwartet, waren diese durch Hitze getöteten Bakterien harmlos.
Du machst wohl Witze! Ich bin total fertig!!
Dann, nur aus Gründlichkeit, mischte Griffith einige seiner HITZE-TOTEN mit LEBENDEN MUTANTEN.
Obwohl jeder Bestandteil für sich alleine unschädlich war –
?
starben die Mäuse und es fanden sich in ihnen lebendige Bakterien vom Wildtyp! Griffith konnte das einfach nicht begreifen!!

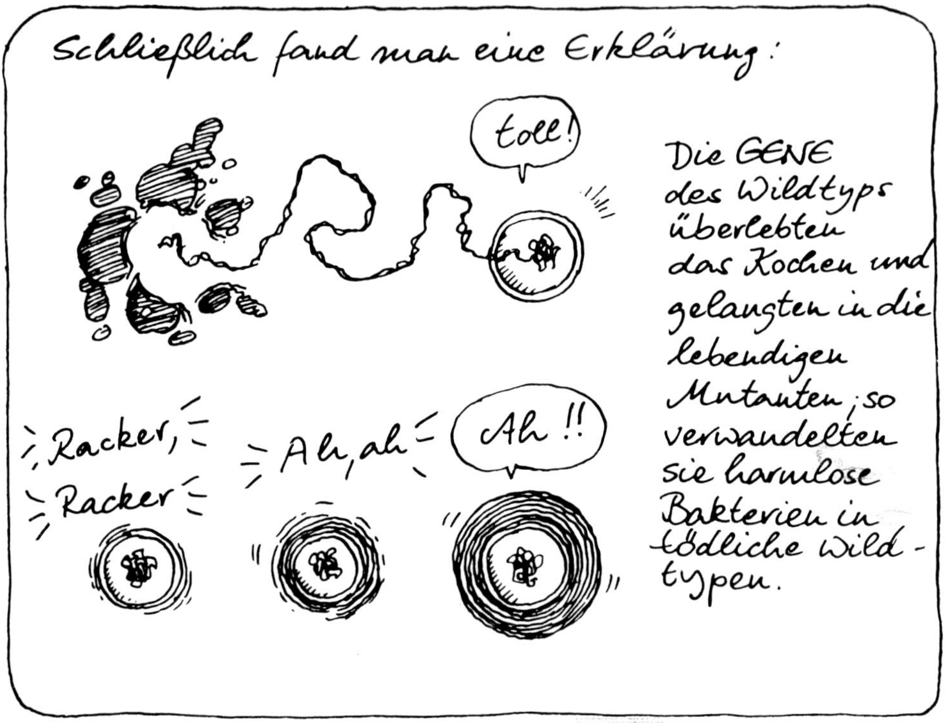

In den 40er Jahren machte sich OSWALD AVERY auf, um diesen „transformierenden Faktor" zu identifizieren.

Avery kochte ganze Fässer mit Bakterien, präzipierte, extrahierte, zentrifugierte, analysierte noch und nöcher...

bis er schließlich einen Fingerhut voll reinen genetischen Materials angereichert hatte.

Es ist DNA.
Als Avery 1940 seine Ergebnisse verkündete, wollten ihm nur wenige Wissenschaftler glauben!

DIE WENDELTREPPE

Vor Avery hatten sich erst wenige Forscher mit DNA befaßt.

Sie wußten, daß sie den Zucker DESOXYRIBOSE, viel PHOSPHAT und vier BASEN enthielt.

Die vier Basen sind als A, C, G und T bekannt und stehen für:

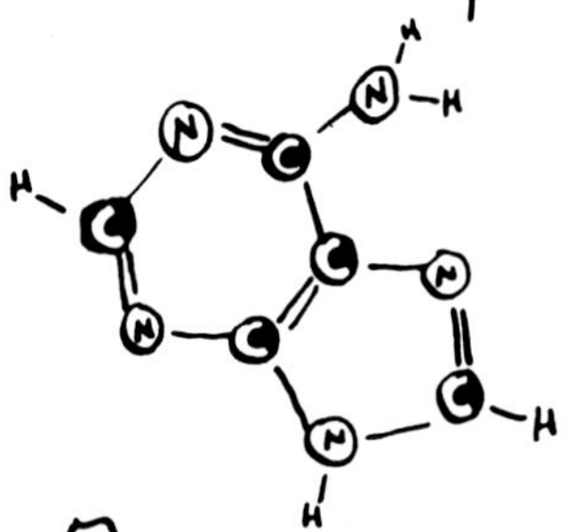

ADENIN

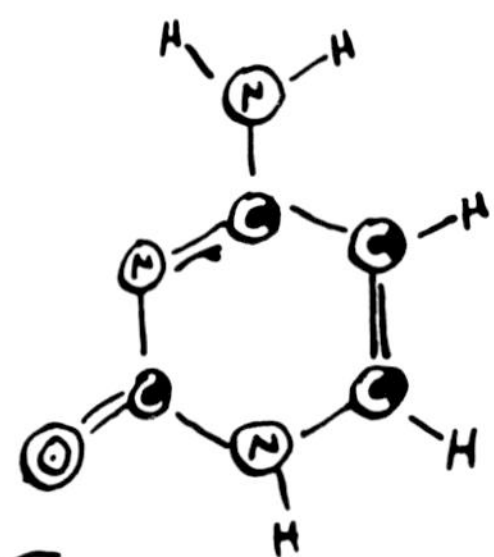

CYTOSIN

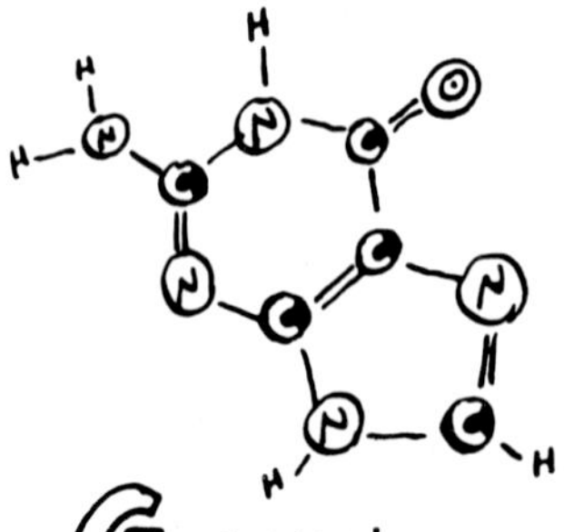

GUANIN

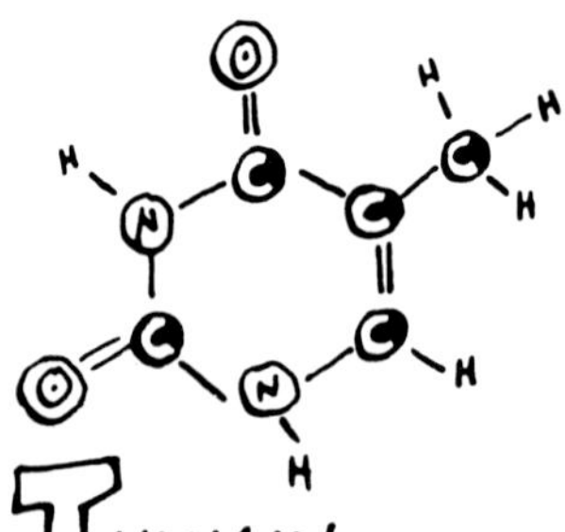

THYMIN

Man nahm an, daß sie zu gleichen Anteilen vorkommen.

Nach Avery begannen die Wissenschaftler, sich die DNA genauer anzuschauen.

ERWIN CHARGAFF fand:

(1) Die Zusammensetzung von DNA variierte von Spezies zu Spezies, vor allem in der relativen Menge der Basen A, C, T und G.

(2) In jeder DNA war die ZAHL DER A's GLEICH DER DER T's, ebenso entsprach die Zahl der C's der der G's.

Was hatte das zu bedeuten? Chargaff hatte keine Erklärung.

Bei der Untersuchung von DNA mit Hilfe von Röntgenstrahlen konnte ROSALIND FRANKLIN zeigen, daß das DNA-Molekül wahrscheinlich die Form eines Korkenziehers, einer HELIX, besitzt, die aus zwei oder drei Ketten zusammengesetzt ist. Aber waren es nun zwei oder drei?

1952 lösten JAMES WATSON[1] und FRANCIS CRICK[2] das Rätsel (beide Nobelpreis 1962).

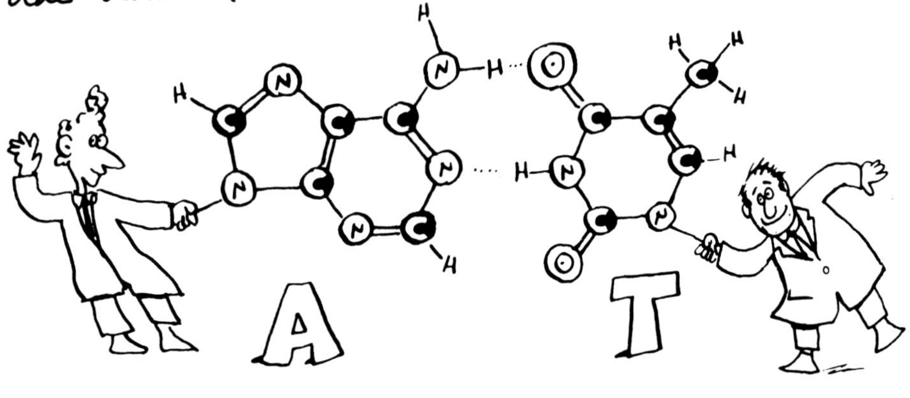

Durch Herumspielen mit Modell-Atomen fanden sie heraus, daß ADENIN mit THYMIN zusammenpaßt, während sich GUANIN mit CYTOSIN paart.

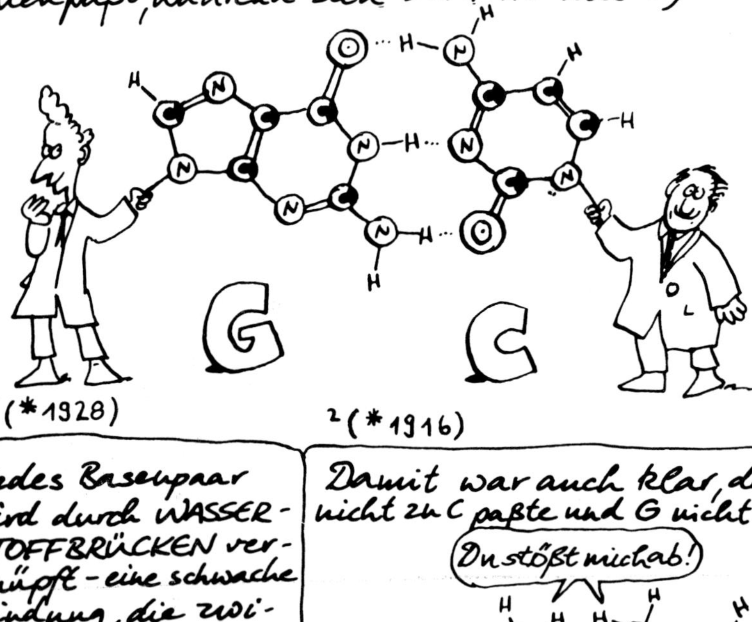

[1] (*1928)

[2] (*1916)

Jedes Basenpaar wird durch WASSERSTOFFBRÜCKEN verknüpft – eine schwache Bindung, die zwischen dem Wasserstoff eines Moleküls und einem Nicht-Wasserstoff eines anderen Moleküls stattfinden kann.

Damit war auch klar, daß A nicht zu C paßte und G nicht zu T.

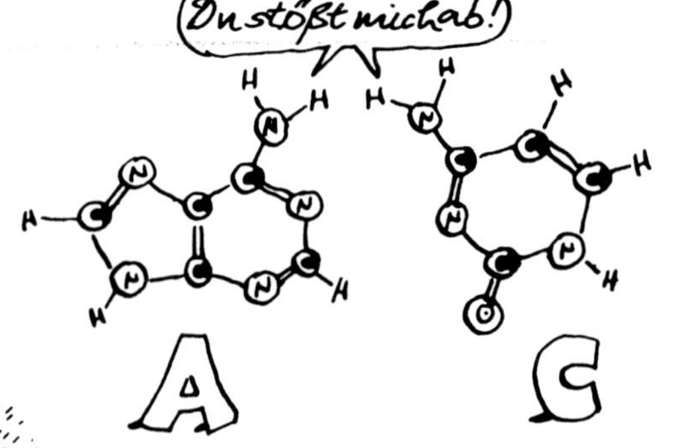

Jedes dieser beiden BASENPAARE ist fast völlig flach:

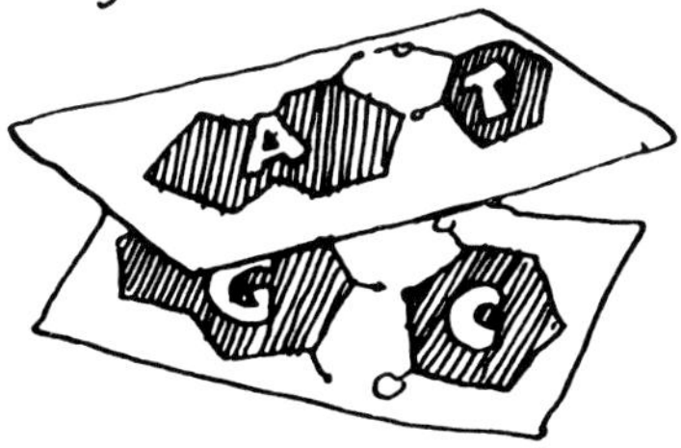

Deshalb schlugen Watson und Crick vor, sie einfach zu stapeln und sie wie Treppenstufen übereinander anzuordnen. Zwei Zucker-Phosphat-Ketten winden sich um die Basen an den Außenseiten entlang.

Eine Komplikation:
Die beiden Stränge winden sich in die entgegengesetzte Richtung: Die Zucker des einen Strangs stehen auf dem Kopf im Vergleich zu den Zuckern des andern Strangs. –

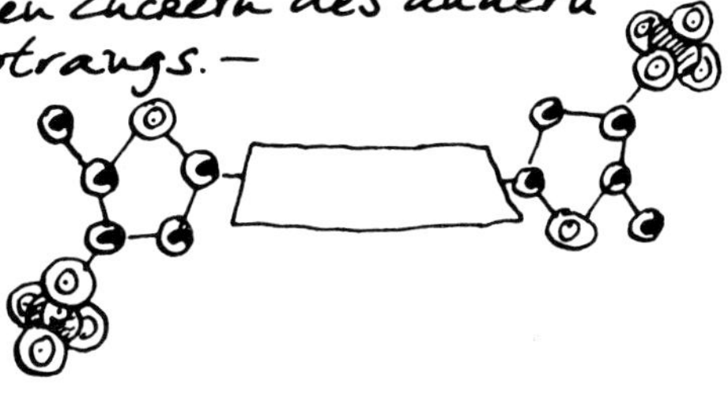

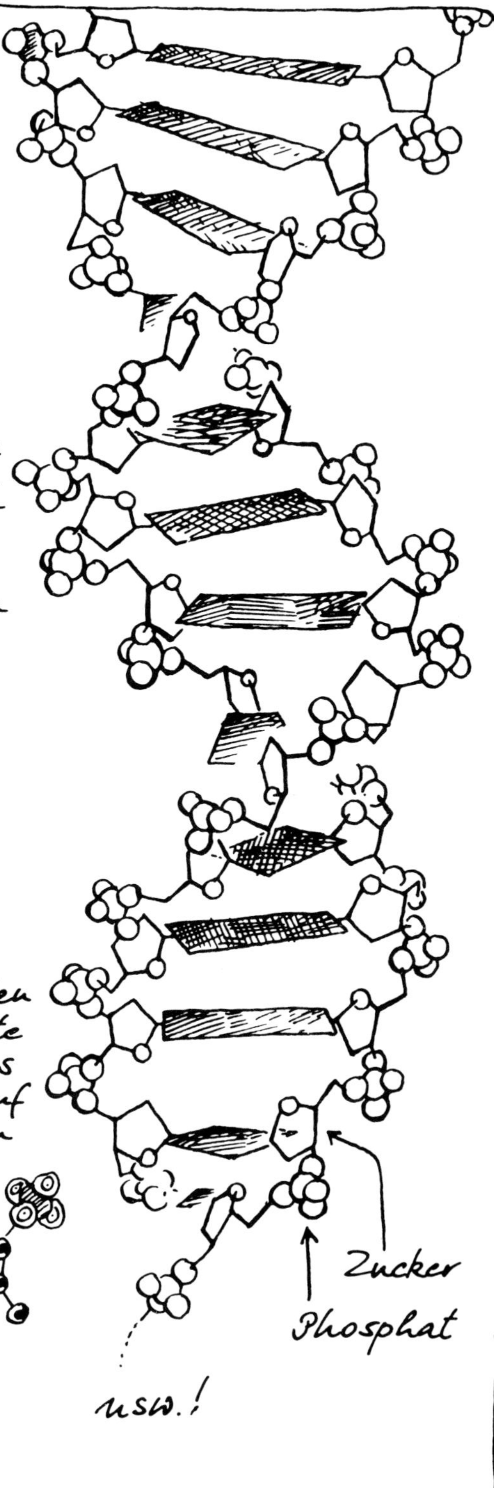

Dieses Modell erklärt auch CHARGAFFS Beobachtung, daß die Zahl der T's der der A's entspricht: T und A kommen immer nur in Paaren vor!
Dito für G und C!
GC
Dies ist das PRINZIP DER KOMPLEMENTARITÄT: Jede Base paßt nur zu einer bestimmten anderen – zu ihrer KOMPLEMENTÄREN Base. Watson und Crick hatten es gefunden:
Sie schrieben:
„Es ist uns nicht entgangen, daß die Paarung einen Hinweis auf den möglichen Verdopplungsmechanismus des genetischen Materials liefert."
Tatsache ist, daß sie den Schlüssel zur wichtigsten Funktion der Gene darstellt: Replikation und Protein-Synthese.
AT
GC
CG
TA
AT
GC
AT
AT
TA
CG
GC
AT
TA
CG
GC

REPLIKATION

Gen-Kopierung oder DNA-REPLIKATION, so wie Watson und Crick sie sahen, ist im Prinzip einfach: JEDER Strang der Doppelhelix enthält die notwendige Information, um einen komplementären Strang herzustellen.

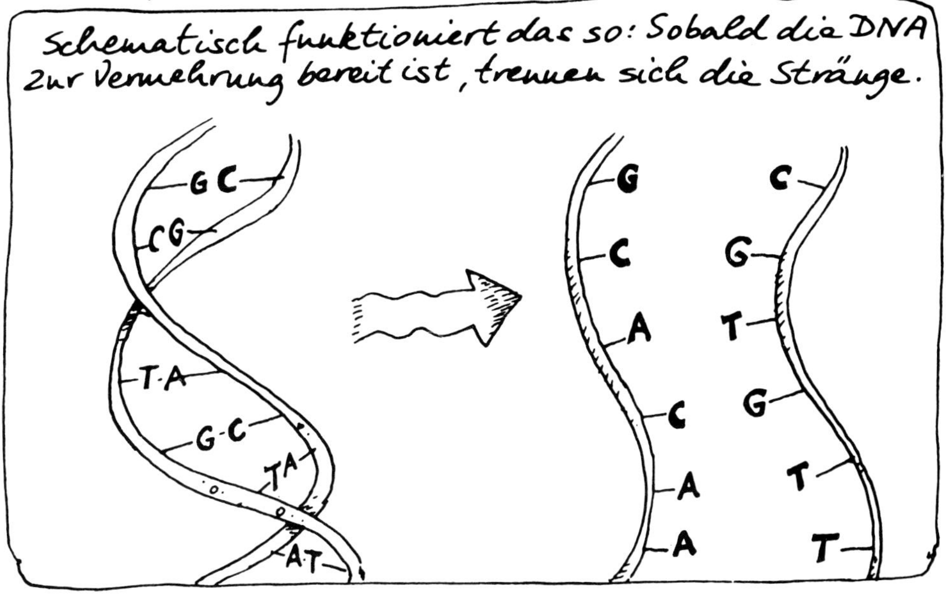

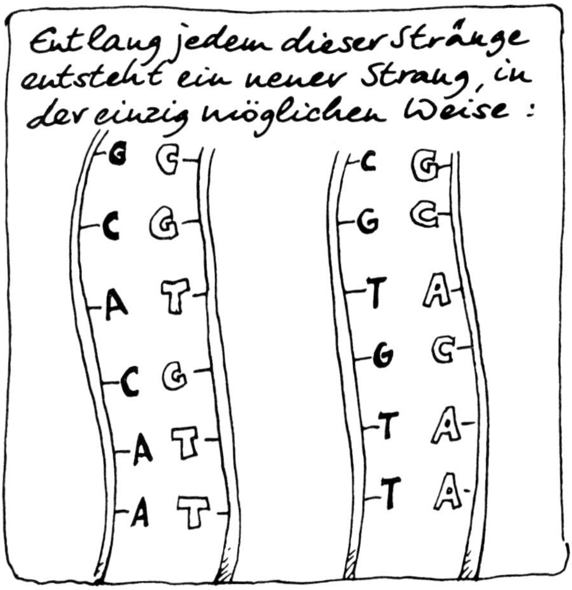

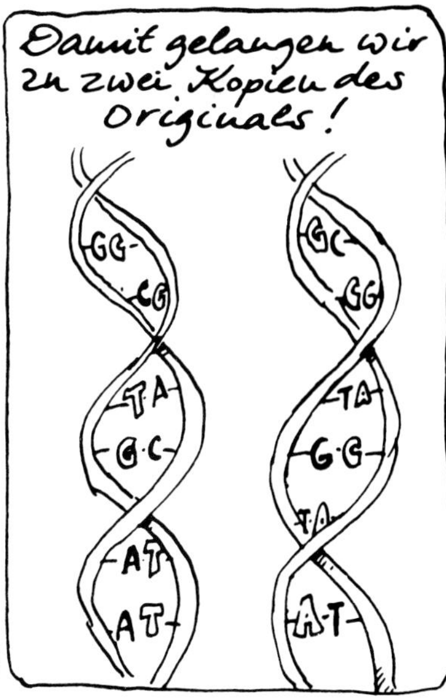

Ich muß mich ent wickeln!!
?
In Wirklichkeit ist der Replikations-vorgang viel komplizierter. Selbst im gut-untersuchten E. Coli ist er noch nicht ganz aufgeklärt.

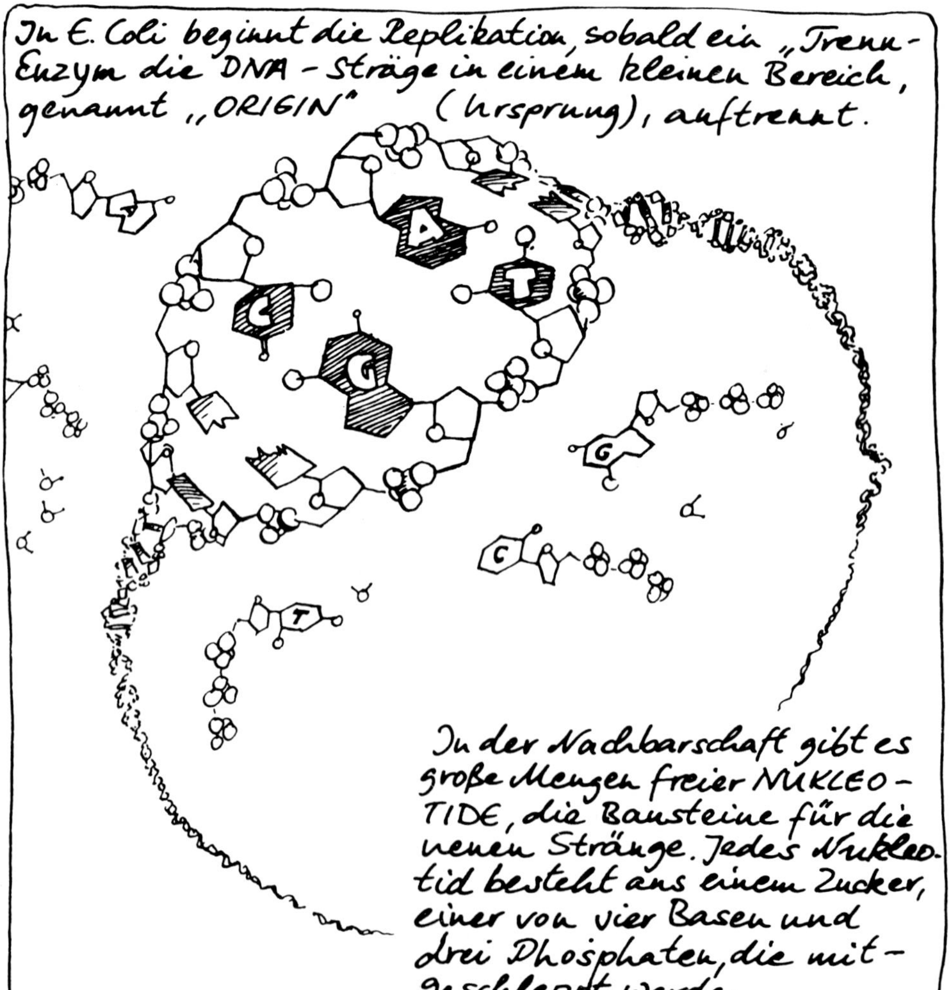
In E. Coli beginnt die Replikation, sobald ein „Trenn-Enzym die DNA-Sträge in einem kleinen Bereich, genannt „ORIGIN" (Ursprung), auftrennt.
A
T
C
G
G
C
T
In der Nachbarschaft gibt es große Mengen freier NUKLEO-TIDE, die Bausteine für die neuen Stränge. Jedes Nukleotid besteht aus einem Zucker, einer von vier Basen und drei Phosphaten, die mitgeschleppt werden.

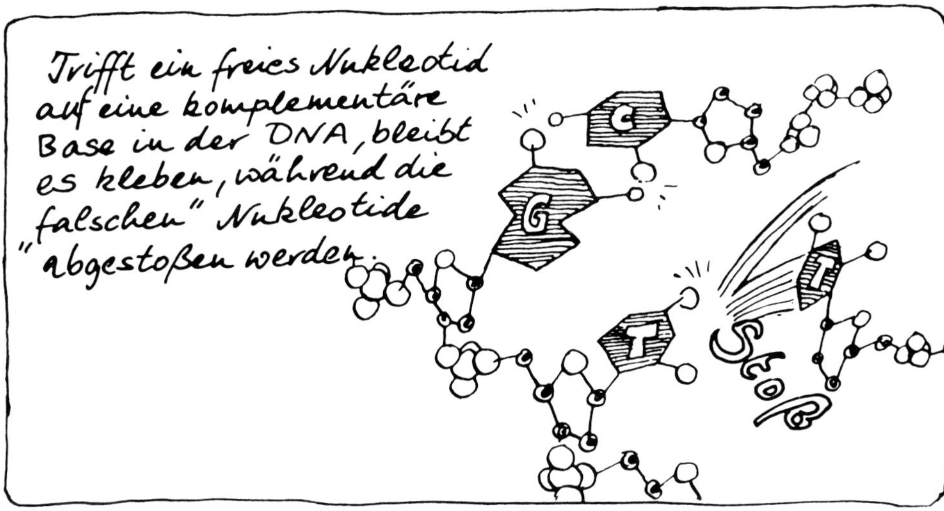
Trifft ein freies Nukleotid auf eine komplementäre Base in der DNA, bleibt es kleben, während die „falschen" Nukleotide abgestoßen werden.
G
G
T
T
Stop

Sobald das „Trenn"-Enzym die DNA weiter öffnet, lagern sich neue Nukleotide an, und ein „Niet"-Enzym koppelt sie aneinander, während die überschüssigen Phosphate abgegeben werden.
AT
GC
CG
TA
A
SPUCK
NIET

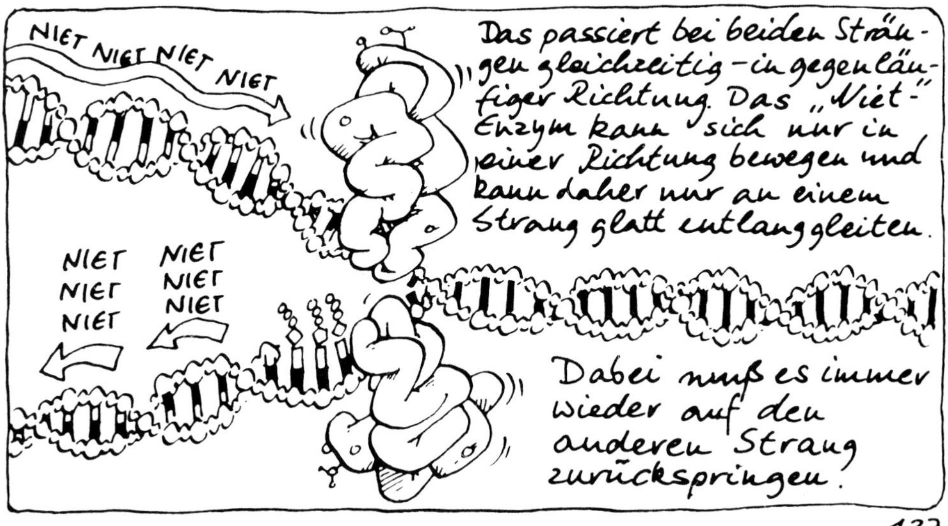
NIET NIET NIET NIET
Das passiert bei beiden Strängen gleichzeitig – in gegenläufiger Richtung. Das „Niet"-Enzym kann sich nur in einer Richtung bewegen und kann daher nur an einem Strang glatt entlanggleiten.
NIET NIET NIET
NIET NIET NIET
Dabei muß es immer wieder auf den anderen Strang zurückspringen.

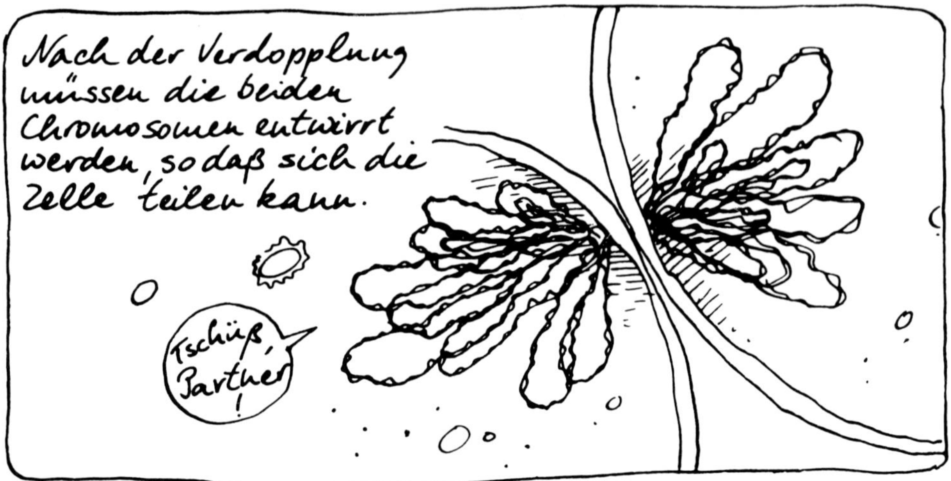

Das Bild, das wir von der DNA-Replikation haben, ist immer noch unvollständig. Z.B. müssen sich die Stränge der Doppel-Helix mit einer Geschwindigkeit von 800 U/min entwinden. Wie das geschehen soll, ist noch weitgehend unklar.

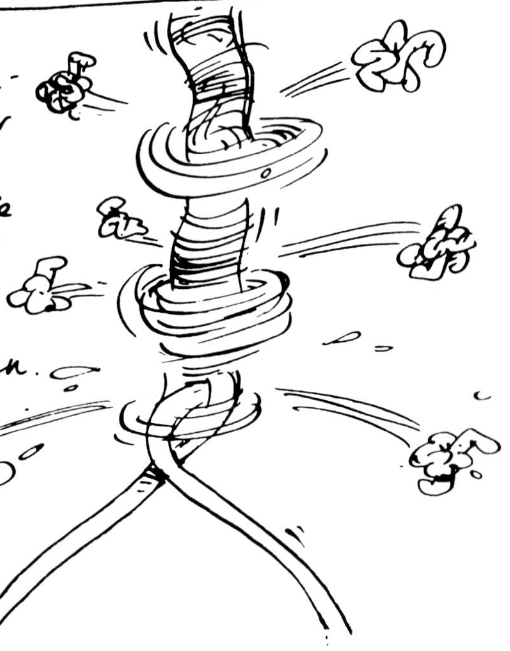

* *

Wie auch immer die Details sein mögen, das Prinzip der Komplementarität ist der Schlüssel zur Replikation und zu der zweiten Hauptfunktion der Gene:

Das MOLEKÜL ist die BOTSCHAFT
ENZYME und andere Proteine gibt es in vielfältigen Formen, aber in einer Hinsicht sind sie alle gleich.

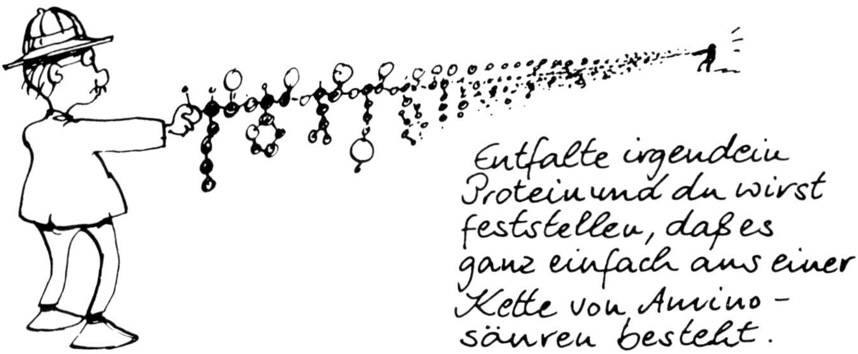
Entfalte irgendein Protein und du wirst feststellen, daß es ganz einfach aus einer Kette von Amino-säuren besteht.

Laß die Enden los, und das Protein faltet sich in sich selbst zurück, bedingt durch die gegenseitige An-ziehung.
Das heißt:
Die SEQUENZ bestimmt die Struktur.

Angesichts der Beziehung zwischen Genen und Proteinen kommt man zu dem Schluß, daß es zwischen der DNA-SEQUENZ und der Protein-SEQUENZ eine Parallelität oder einen anderen Zusammenhang geben muß.

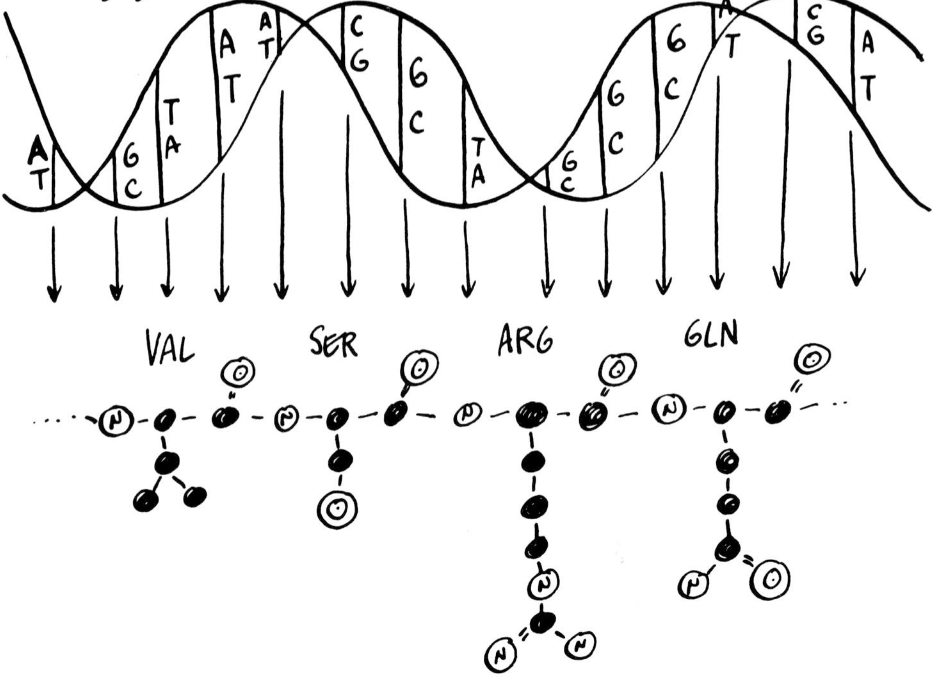

MAN KANN SICH DIE SEQUENZ DER BASEN ALS EINE ABFOLGE VON „WÖRTERN" VORSTELLEN, DIE DIE REIHENFOLGE DER AMINOSÄUREN IN JEDEM PROTEIN BESTIMMT.

Warum muß das Leben bloß so kompliziert sein?
Um die Überset-zung von DNA-„Worten" in Amino-säuren zu bewerk-stelligen, kommt eine raffinierte molekulare Ma-schinerie ins Spiel...

Ein „Boten"(messenger)-Molekül, das eine Kopie der DNA darstellt.
AUGUACUCAACAGGUUAAGUGA
UCC
Eine Familie von „Über-setzer"-Molekülen, um die Bot-schaft mit den Aminosäuren zusammenzubringen.
Ein großer Körper, der die Dinge am Platz hält, und der hilft, die Bindung zwischen zwei Aminosäuren her-zustellen.

Diese Moleküle bestehen alle drei ganz oder teilweise aus der ANDEREN Nukleinsäure:
R-N-A-A-A-A

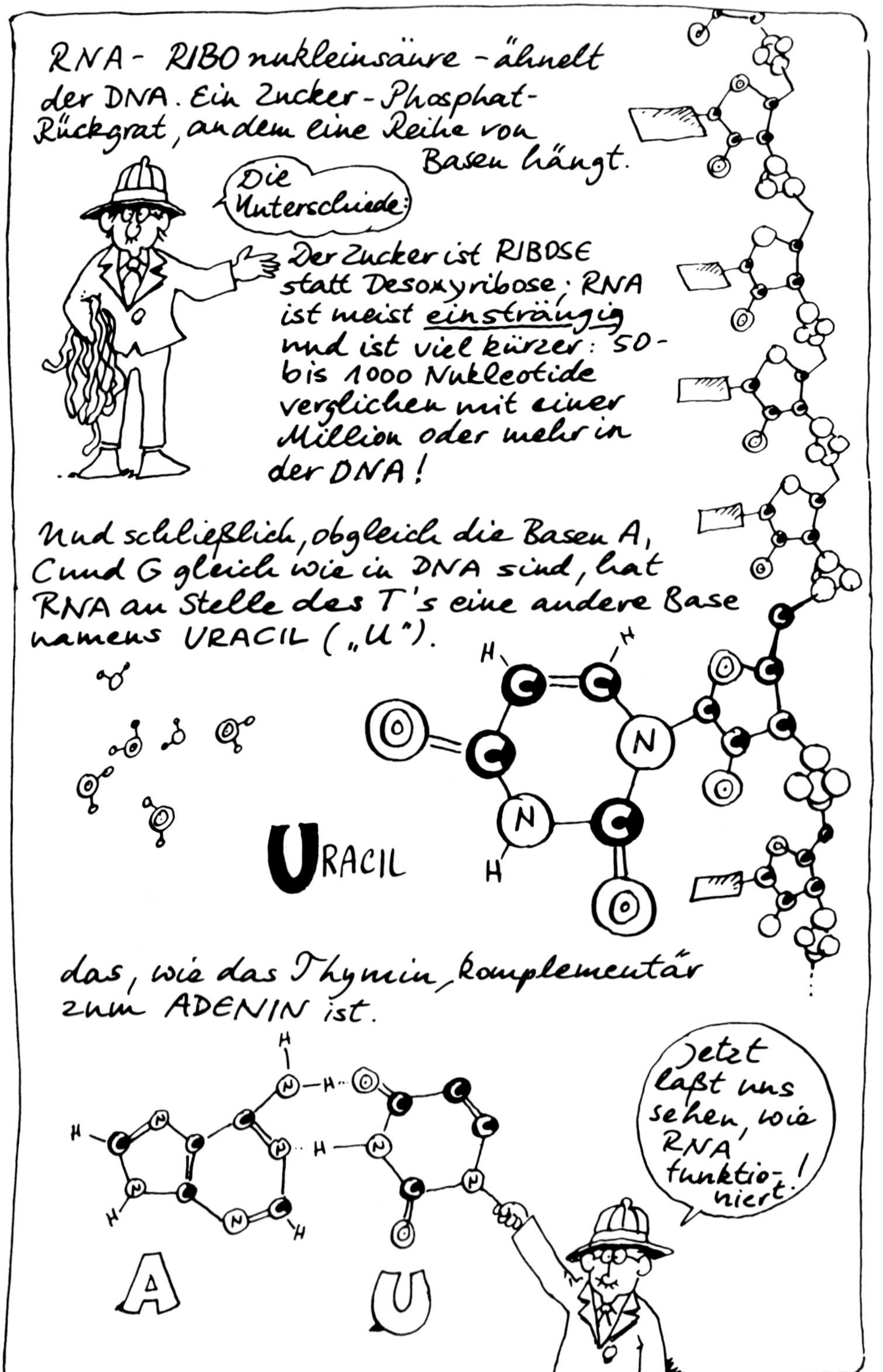
RNA - RIBOnukleinsäure - ähnelt der DNA. Ein Zucker-Phosphat-Rückgrat, an dem eine Reihe von Basen hängt.
Die Unterschiede:
Der Zucker ist RIBOSE statt Desoxyribose; RNA ist meist einsträngig und ist viel kürzer: 50- bis 1000 Nukleotide verglichen mit einer Million oder mehr in der DNA!
Und schließlich, obgleich die Basen A, C und G gleich wie in DNA sind, hat RNA an Stelle des T's eine andere Base namens URACIL („U").
H
H
O
C
C
C
N
N
C
O
H
URACIL
das, wie das Thymin, komplementär zum ADENIN ist.
A
U
Jetzt laßt uns sehen, wie RNA funktioniert!

Vor Beginn der Protein-Synthese wird ein Bereich der DNA aufgetrennt, und ein Molekül RNA wird von einem DNA-Strang mit Hilfe des Enzyms RNA-POLYMERASE kopiert. Dieser Vorgang wird als TRANSKRIPTION bezeichnet.

Genau wie bei der DNA-Replikation ist jede Base der RNA komplementär zu der entsprechenden Base in der DNA.

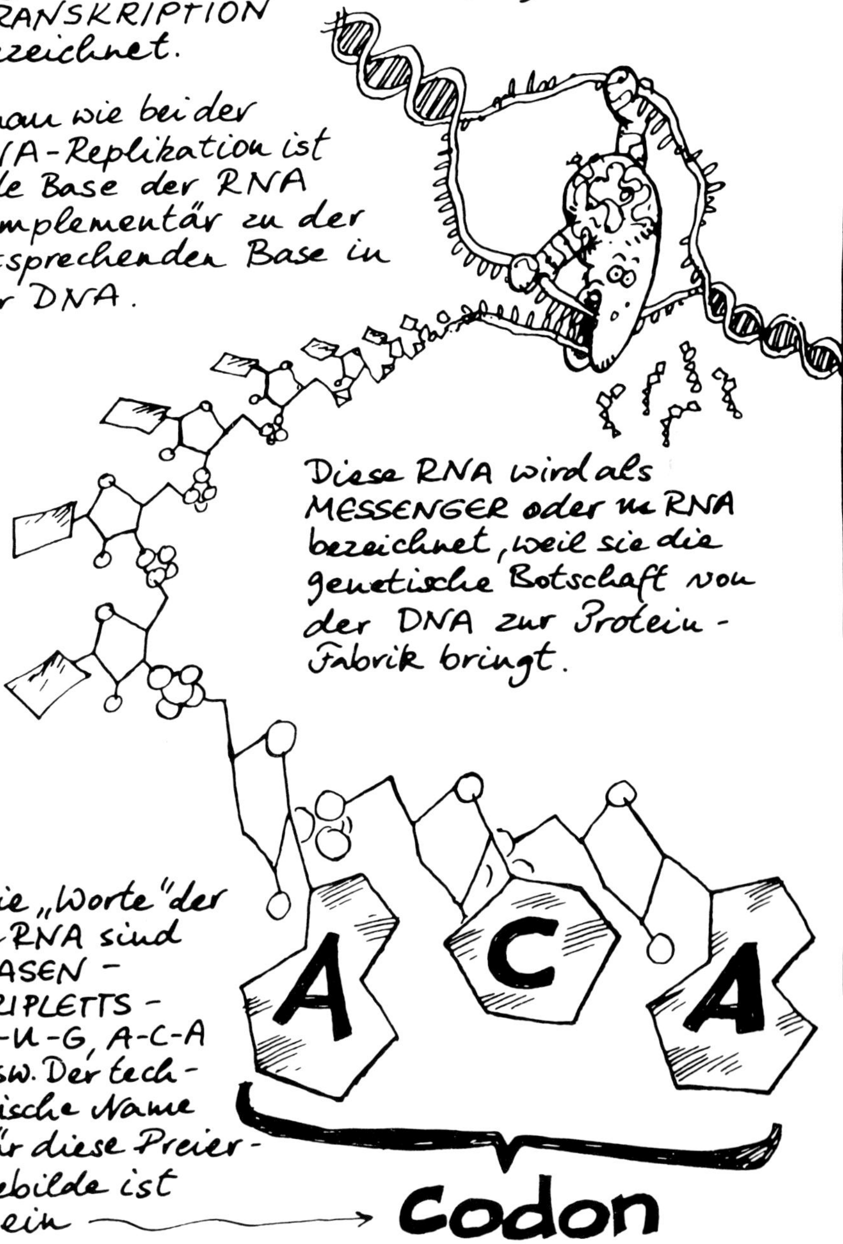

Diese RNA wird als MESSENGER oder m RNA bezeichnet, weil sie die genetische Botschaft von der DNA zur Protein-Fabrik bringt.

Die „Worte" der m RNA sind BASEN-TRIPLETTS – A-U-G, A-C-A usw. Der technische Name für diese Dreiergebilde ist ein → codon

Jedes 3-Basen-Codon steht für eine Aminosäure, und der gesamte mRNA-Strang steuert die Synthese (oder codiert für) eines oder mehrerer Proteine Es ist wie in einer verschlüsselten Botschaft.

DER GENETISCHE CODE!

Die Entschlüsselung des Codes begann 1961, als es MARSHALL NIRENBERG* gelang, eine besondere mRNA herzustellen, die nur aus sich wiederholenden Uracil-Basen bestand: „Poly U“.

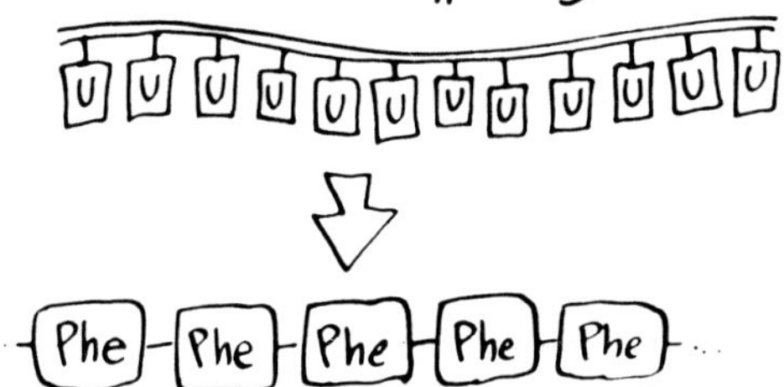

Er erhielt damit ein Protein, das ausschließlich aus der Aminosäure PHENYLALANIN bestand.

ALSO war UUU das Codon für Phenylalanin..

Dann entzifferten sie Poly-A, Poly-C und Poly UG, Poly UGU usw., usw. bis der Code schließlich geknackt war.

UUU →	Phe
AAA →	Lys
CCC →	
UGU —	
GUU —	
UUG →	Leu
GUG →	Val

Zweiter Buchstabe

Erster Buchstabe	U	C	A	G	Dritter Buchstabe
U	UUU, UUC: PHE UUA, UUG: LEU	UCU, UCC, UCA, UCG: SER	UAU, UAC: TYR UAA, UAG: STOP	UGU, UGC: CYS UGA: STOP UGG: TRP	U C A G
C	CUU, CUC, CUA, CUG: LEU	CCU, CCC, CCA, CCG: PRO	CAU, CAC: HIS CAA, CAG: GLN	CGU, CGC, CGA, CGG: ARG	U C A G
A	AUU, AUC, AUA: ILE AUG: MET	ACU, ACC, ACA, ACG: THR	AAU, AAC: ASN AAA, AAG: LYS	AGU, AGC: SER AGA, AGG: ARG	U C A G
G	GUU, GUC, GUA, GUG: VAL	GCU, GCC, GCA, GCG: ALA	GAU, GAC: ASP GAA, GAG: GLU	GGU, GGC, GGA, GGG: GLY	U C A G

Der Code ist REDUNDANT: Mit 64 möglichen Codons, aber nur 20 Aminosäuren muß es „Synonyme" geben, d.h. verschiedene Codons, die die gleiche Aminosäure bedeuten.

Es gibt „Stop Signale". Die drei Codons codieren für überhaupt keine Aminosäure, sondern sind dazu da, Botschaften zu beenden.

WEITER: Der Code ist nicht-überlappend. Die Worte folgen einander ohne Lücken oder Überlappungen. Wir werden wald sehen, wie er weiß, wo er beginnen soll.

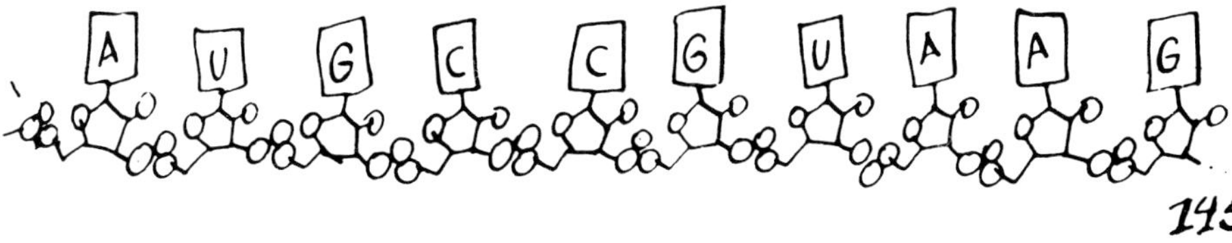

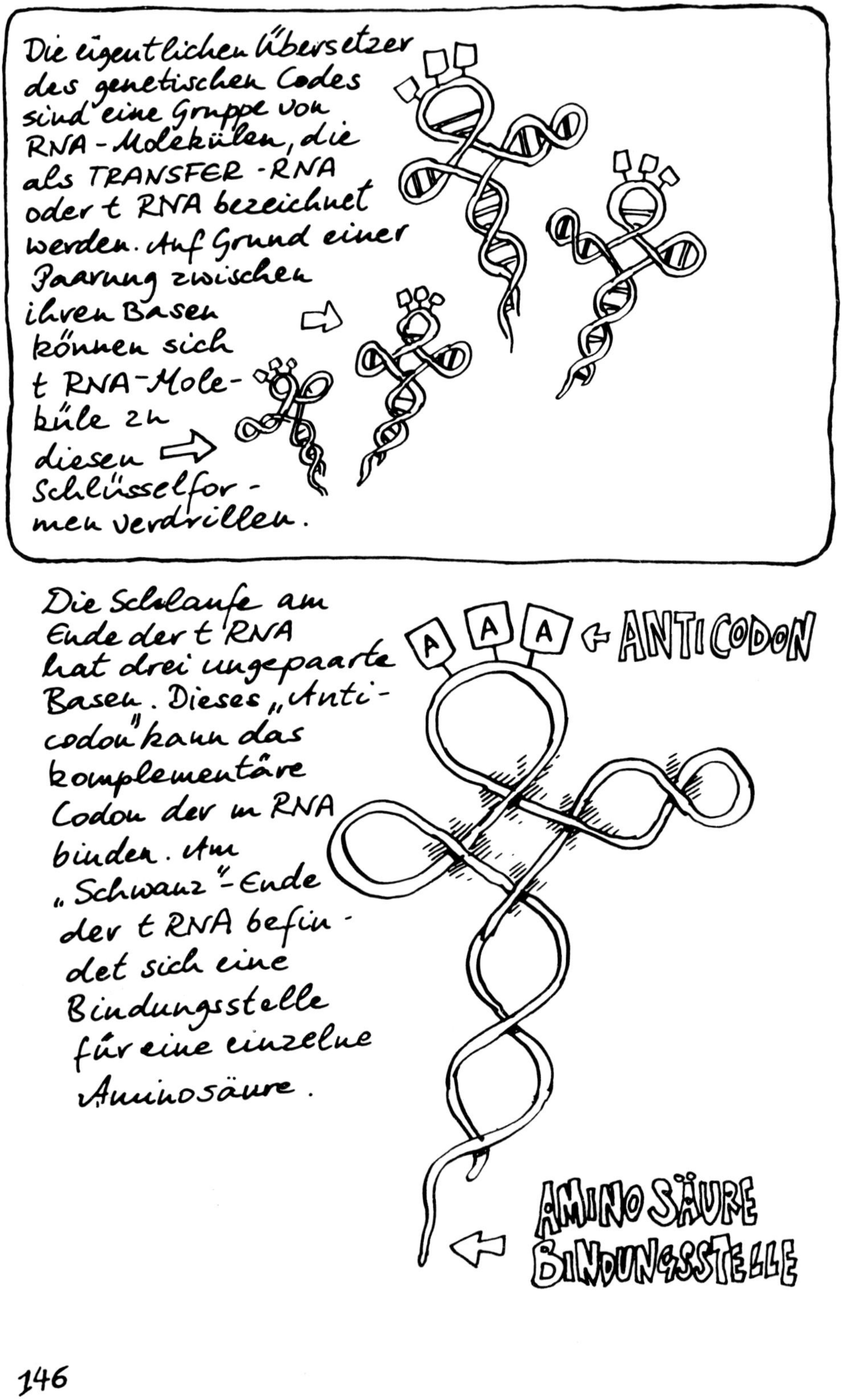
Die eigentlichen Übersetzer des genetischen Codes sind eine Gruppe von RNA-Molekülen, die als TRANSFER-RNA oder t RNA bezeichnet werden. Auf Grund einer Paarung zwischen ihren Basen können sich t RNA-Moleküle zu diesen Schlüsselformen verdrillen.
Die Schlaufe am Ende der t RNA hat drei ungepaarte Basen. Dieses „Anticodon" kann das komplementäre Codon der m RNA binden. Am „Schwanz"-Ende der t RNA befindet sich eine Bindungsstelle für eine einzelne Aminosäure.
A
A
A
ANTICODON
AMINOSÄURE BINDUNGSSTELLE

Für jedes Anticodon gibt es ein Enzym, das es erkennt und das die entsprechende Aminosäure an die jeweilige t RNA anheftet.

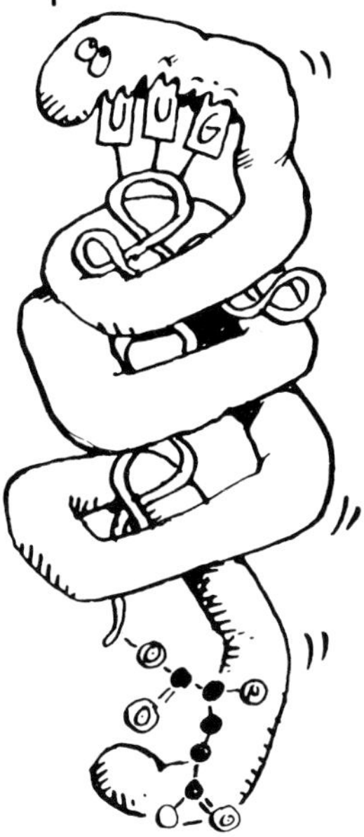

Einmal verknüpft, bindet das Anticodon das komplementäre Codon auf der m RNA.

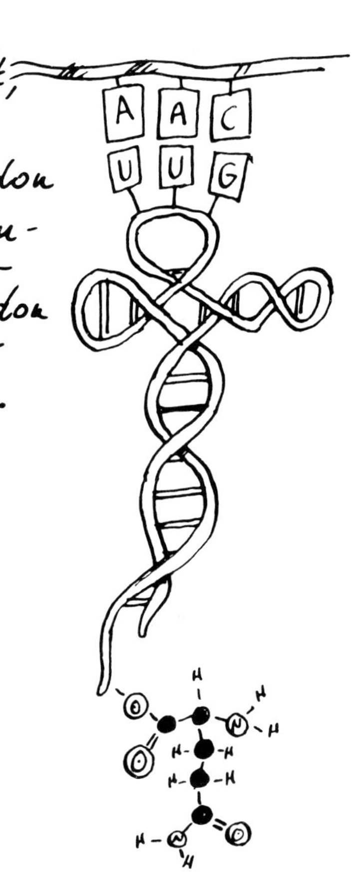

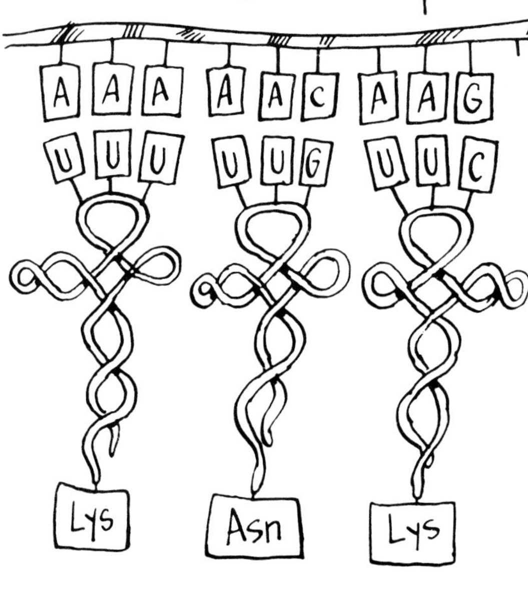

Im großen und ganzen ist dies der Weg, wie eine Kette von Basen in eine Sequenz von Aminosäuren übersetzt wird.

ABER,

die Zelle braucht noch mehr Werkzeuge, um sie zum Funktionieren zu bringen: das RIBOSOM.

WIE PROTEINE GEMACHT WERDEN

Die letzte Zutat im Protein-Synthese-Apparat ist etwas, was die Dinge an ihrem Platz hält.

Es ist das RIBOSOM, ein Doppelball, bestehend aus ca. 50 Proteinen und aus RNA. Diese RNA wird als RIBOSOMALE RNA oder r RNA bezeichnet.

Vermutlich ist es die r RNA, die zwei „Mulden" bildet, in die sich die t RNA-Moleküle hineinkuscheln können.

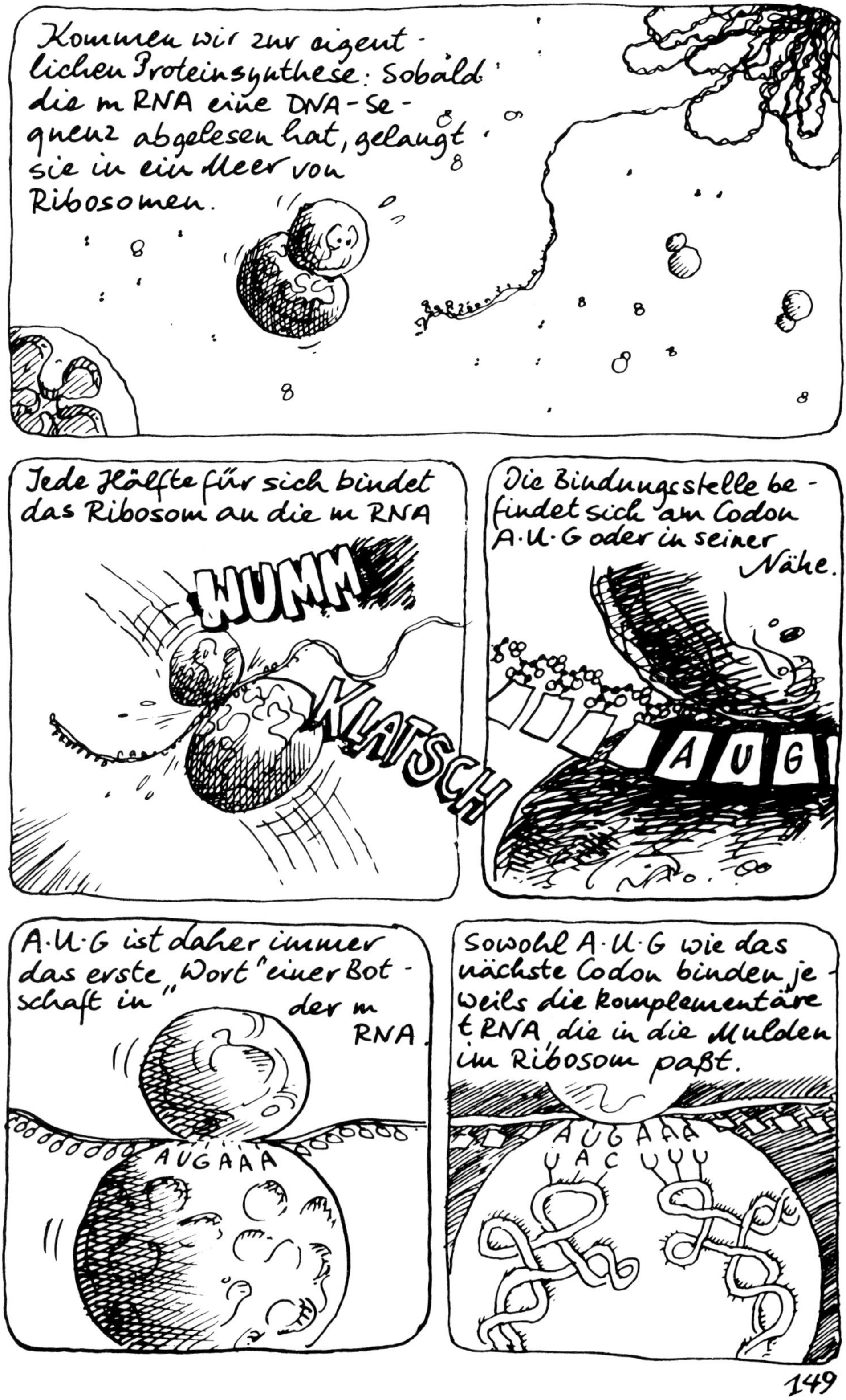
Kommen wir zur eigentlichen Proteinsynthese: Sobald die m RNA eine DNA-Sequenz abgelesen hat, gelangt sie in ein Meer von Ribosomen.
Jede Hälfte für sich bindet das Ribosom an die m RNA
WUMM
KLATSCH
Die Bindungsstelle befindet sich am Codon A·U·G oder in seiner Nähe.
A U G
A·U·G ist daher immer das erste „Wort" einer Botschaft in der m RNA
AUGAAA
Sowohl A·U·G wie das nächste Codon binden jeweils die komplementäre t RNA die in die Mulden im Ribosom paßt.
AUGAAA
UAC UUU

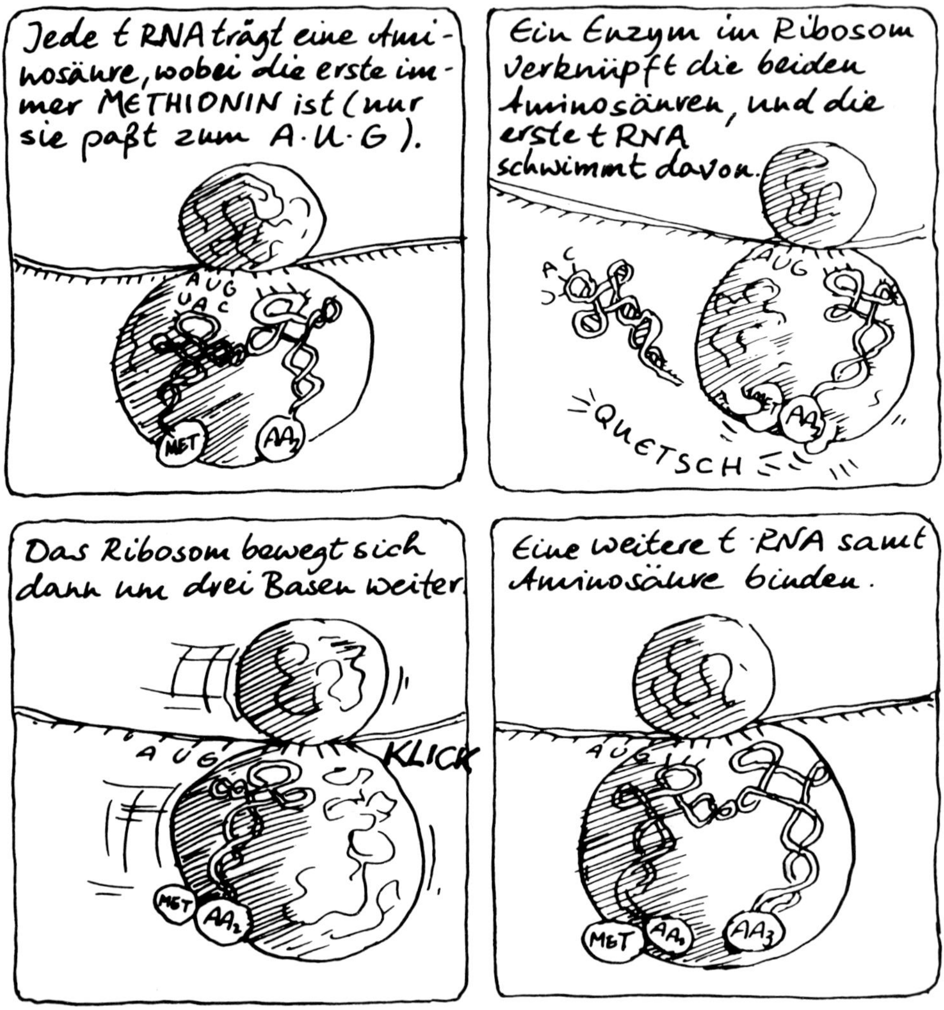
Jede tRNA trägt eine Aminosäure, wobei die erste immer METHIONIN ist (nur sie paßt zum A·U·G).
AUG
UAC
MET
AA_2
Ein Enzym im Ribosom verknüpft die beiden Aminosäuren, und die erste tRNA schwimmt davon.
AUG
AC
MET
AA_2
QUETSCH
Das Ribosom bewegt sich dann um drei Basen weiter.
AUG
KLICK
MET
AA_2
Eine weitere t-RNA samt Aminosäure binden.
AUG
MET
AA_2
AA_3
Die Aminosäuren sind miteinander verkettet, die „leere" tRNA wird verworfen, und so bewegt sich das Ribosom entlang der Boten-RNA. Es entsteht eine Kette von Aminosäuren, die sich schließlich zu einem Protein zusammenfaltet.
Met
AA_2
AA_3
AA_4

Dieser Vorgang geht so lange weiter, bis das Ribosom eines der "Stop"-Signale erreicht.
UAG
Es hält an, weil es keine tRNA mehr findet, die ein passendes Anticodon trägt.
UAG
SCHNÜFF
Das vollständige Protein wird durch ein weiteres Ribosomen-Enzym abgezwackt.
UAG
Häufig wird zu diesem Zeitpunkt das Protein in verschiedener Weise weiter verändert.
Schließlich trennen sich das Ribosom, die mRNA und die tRNA...
...und das neue Makro-Molekül ist frei, um seinen Job zu verrichten als Strukturbestandteil, als Enzym...
MAMPF
QUETSCH
KNIRSCH
oder als Sonstwas...

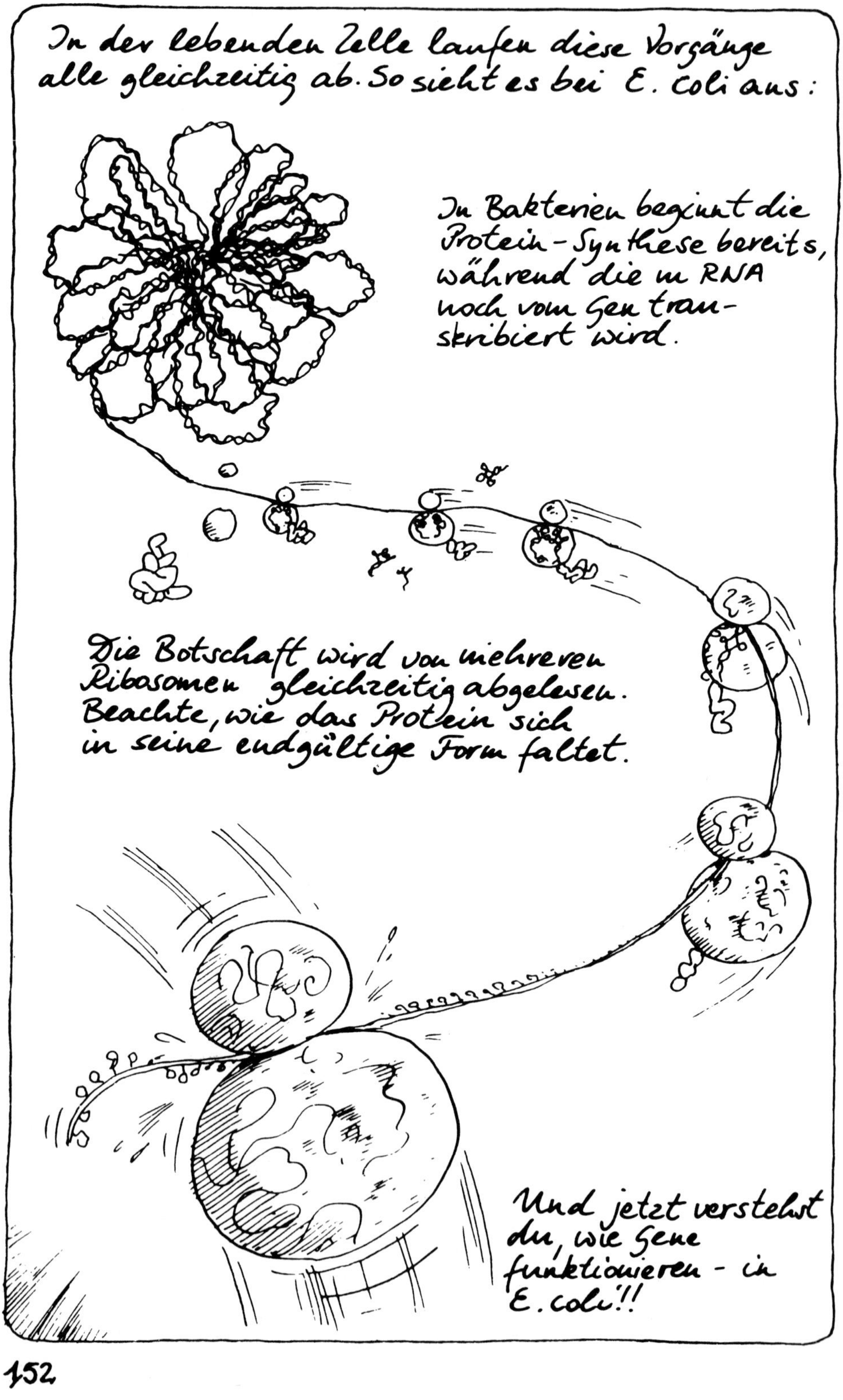
In der lebenden Zelle laufen diese Vorgänge alle gleichzeitig ab. So sieht es bei E. coli aus:
In Bakterien beginnt die Protein-Synthese bereits, während die m RNA noch vom Gen transkribiert wird.
Die Botschaft wird von mehreren Ribosomen gleichzeitig abgelesen. Beachte, wie das Protein sich in seine endgültige Form faltet.
Und jetzt verstehst du, wie Gene funktionieren - in E. coli!!

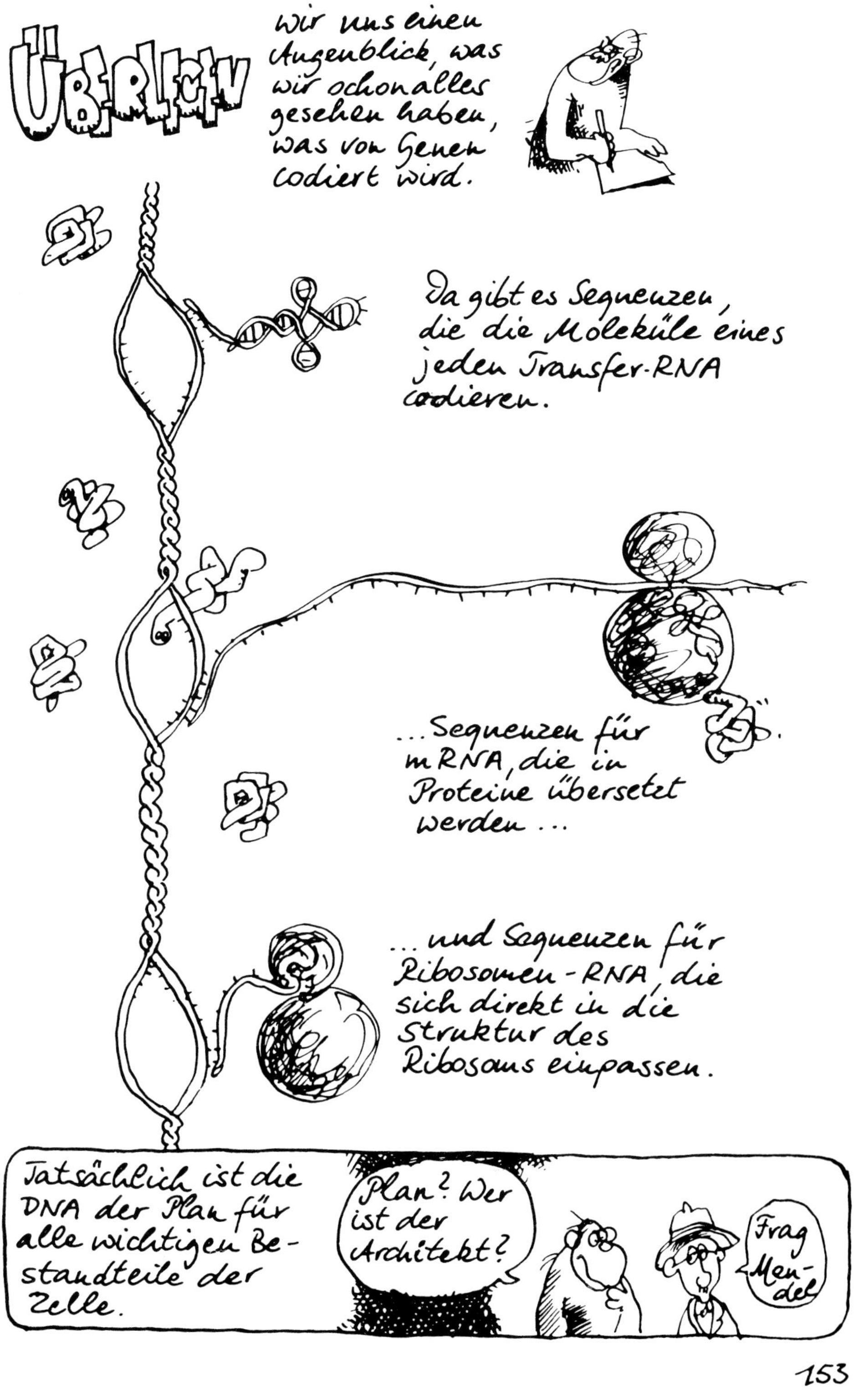

ÜBERLEGEN
wir uns einen Augenblick, was wir schon alles gesehen haben, was von Genen codiert wird.
Da gibt es Sequenzen, die die Moleküle eines jeden Transfer-RNA codieren.
...Sequenzen für mRNA, die in Proteine übersetzt werden...
...und Sequenzen für Ribosomen-RNA, die sich direkt in die Struktur des Ribosoms einpassen.
Tatsächlich ist die DNA der Plan für alle wichtigen Bestandteile der Zelle.
Plan? Wer ist der Architekt?
Frag Mendel

PRO UND EU

Wir fingen damit an, über Gorillas und Bananen Fragen zu stellen und landeten schließlich bei einem unwichtigen kleinen Lebewesen, E. coli... Was können wir über andere Lebensformen sagen?

Zunächst ein wenig FACHSPRACHE: Die Zellen der Pflanzen, Tiere und aller höheren Wesen – jede Zelle, die einen KERN besitzt – werden als EUKARYONT bezeichnet, was so viel wie „guter Kern" auf Griechisch heißt.

Eukaryonten enthalten alle möglichen Teilchen, aber der wichtigste ist der Kern, welcher wiederum die Chromosomen enthält.

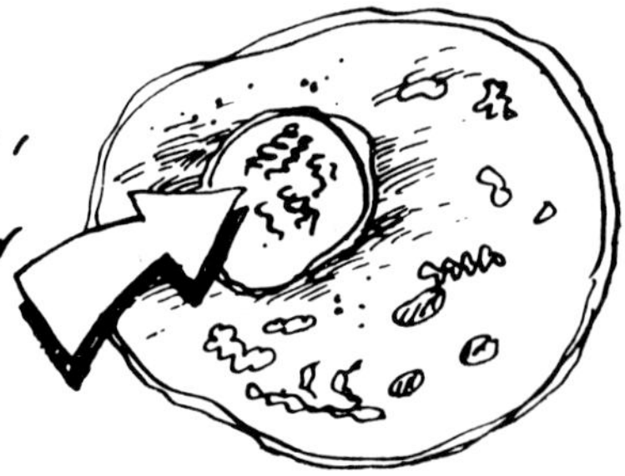

Die winzigen Bakterien mit ihrer einfacheren Struktur, werden als PROKARYONTEN bezeichnet, was auf Griechisch „vor dem Kern" bedeutet.

Die Vorstellung ist die, daß Prokaryonten VOR den komplizierteren Eukaryonten entstanden sind.

Eukaryonten und Prokaryonten besitzen grundsätzlich den gleichen genetischen Apparat.

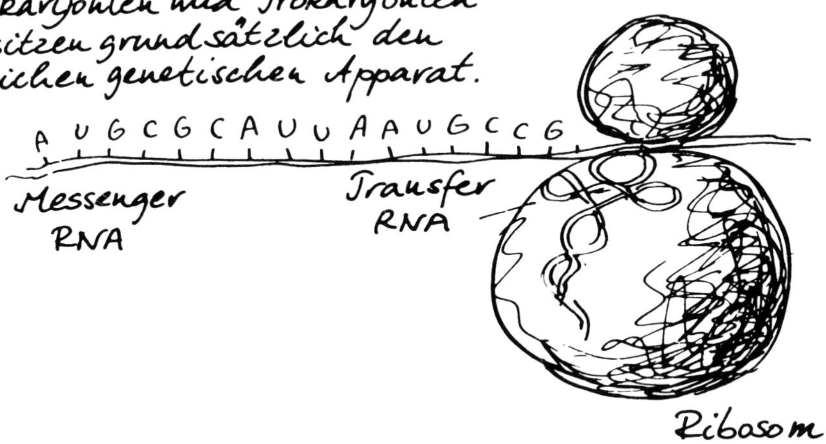

Und → IN ALLEN LEBENSFORMEN IST DER GENETISCHE CODE DER GLEICHE –

Eine Tatsache, die es wahrscheinlich macht, daß wir alle von einem gemeinsamen Vorfahren abstammen.

ABER – es gibt auch große Unterschiede zwischen Pro und Eu ...

Einmal befinden sich bei den Eukaryonten sämtliche Ribosomen außerhalb des Kerns, von den Genen durch eine Membran getrennt.

Die mRNA wird innerhalb des Kerns gemacht – genauso wie in Bakterien. Aber jetzt kommen ein paar Unterschiede …

Am „Start"-Ende wird meistens ein modifiziertes, auf dem Kopf stehendes GUANIN („Cap") aufgesetzt.

Am anderen Ende befindet sich eine Kette von ADENIN-Nukleotiden, die einen POLY A-Schwanz bildet, der bis zu mehreren Hundert Nukleotiden lang sein kann.

Die Funktion dieser und anderer Eigenheiten der Eukaryonten mRNA ist noch ungeklärt.

Das nächste kam als eine der größten Überraschungen für die Genetiker: ein Komplex aus Protein und RNA schnappt sich die m RNA und bildet Schleifen, ähnlich diesen ...

Dieser Komplex, auch Spliceosome genannt, schert die Schleife ab und verwirft sie, spleißt die verbliebenen Stücke zusammen und verschwindet wieder

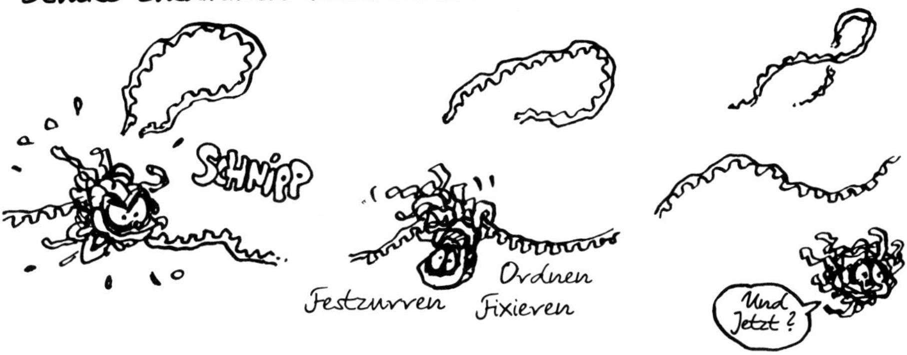

Das ist ja verrückt! Eukaryotische Gene enthalten "Müll-DNA" - nichtkodierende Stücke der m RNA, die herausgespleißt werden müssen, bevor das Gen exprimiert werden kann!!

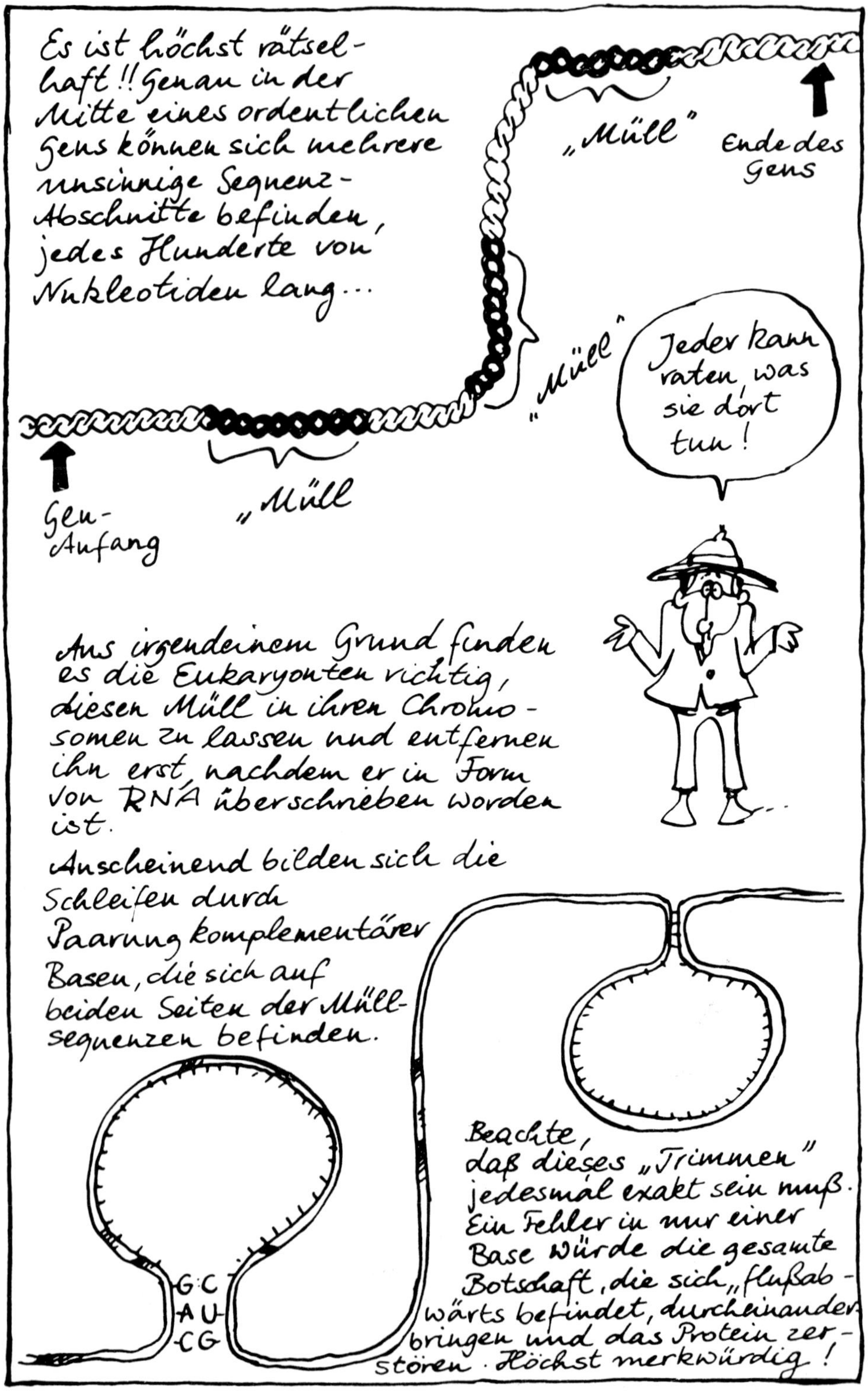
Es ist höchst rätselhaft!! Genau in der Mitte eines ordentlichen Gens können sich mehrere unsinnige Sequenz-Abschnitte befinden, jedes Hunderte von Nukleotiden lang...
„Müll"
Ende des Gens
„Müll"
Jeder kann raten, was sie dort tun!
Gen-Anfang
„Müll
Aus irgendeinem Grund finden es die Eukaryonten richtig, diesen Müll in ihren Chromosomen zu lassen und entfernen ihn erst, nachdem er in Form von RNA überschrieben worden ist.
Anscheinend bilden sich die Schleifen durch Paarung komplementärer Basen, die sich auf beiden Seiten der Müllsequenzen befinden.
G C
A U
C G
Beachte, daß dieses „Trimmen" jedesmal exakt sein muß. Ein Fehler in nur einer Base würde die gesamte Botschaft, die sich „flußabwärts befindet, durcheinanderbringen und das Protein zerstören. Höchst merkwürdig!

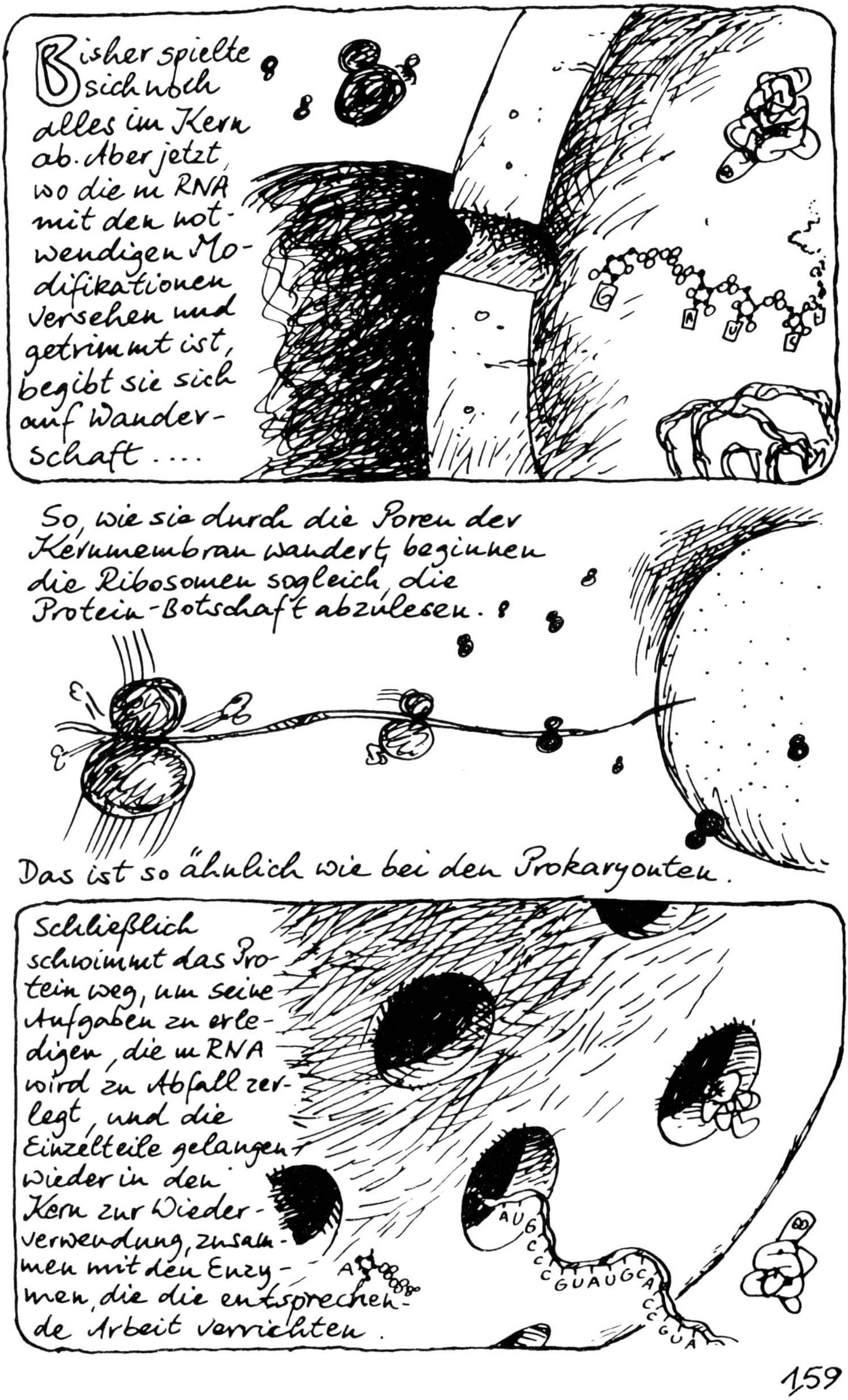
Bisher spielte sich noch alles im Kern ab. Aber jetzt, wo die m RNA mit den notwendigen Modifikationen versehen und getrimmt ist, begibt sie sich auf Wanderschaft ....
G
A
U
C
So, wie sie durch die Poren der Kernmembran wandert, beginnen die Ribosomen sogleich, die Protein-Botschaft abzulesen.
Das ist so ähnlich wie bei den Prokaryonten.
Schließlich schwimmt das Protein weg, um seine Aufgaben zu erledigen, die m RNA wird zu Abfall zerlegt, und die Einzelteile gelangen wieder in den Kern zur Wiederverwendung, zusammen mit den Enzymen, die die entsprechende Arbeit verrichten.
A
AUGCCCGUAUGCACCGUA

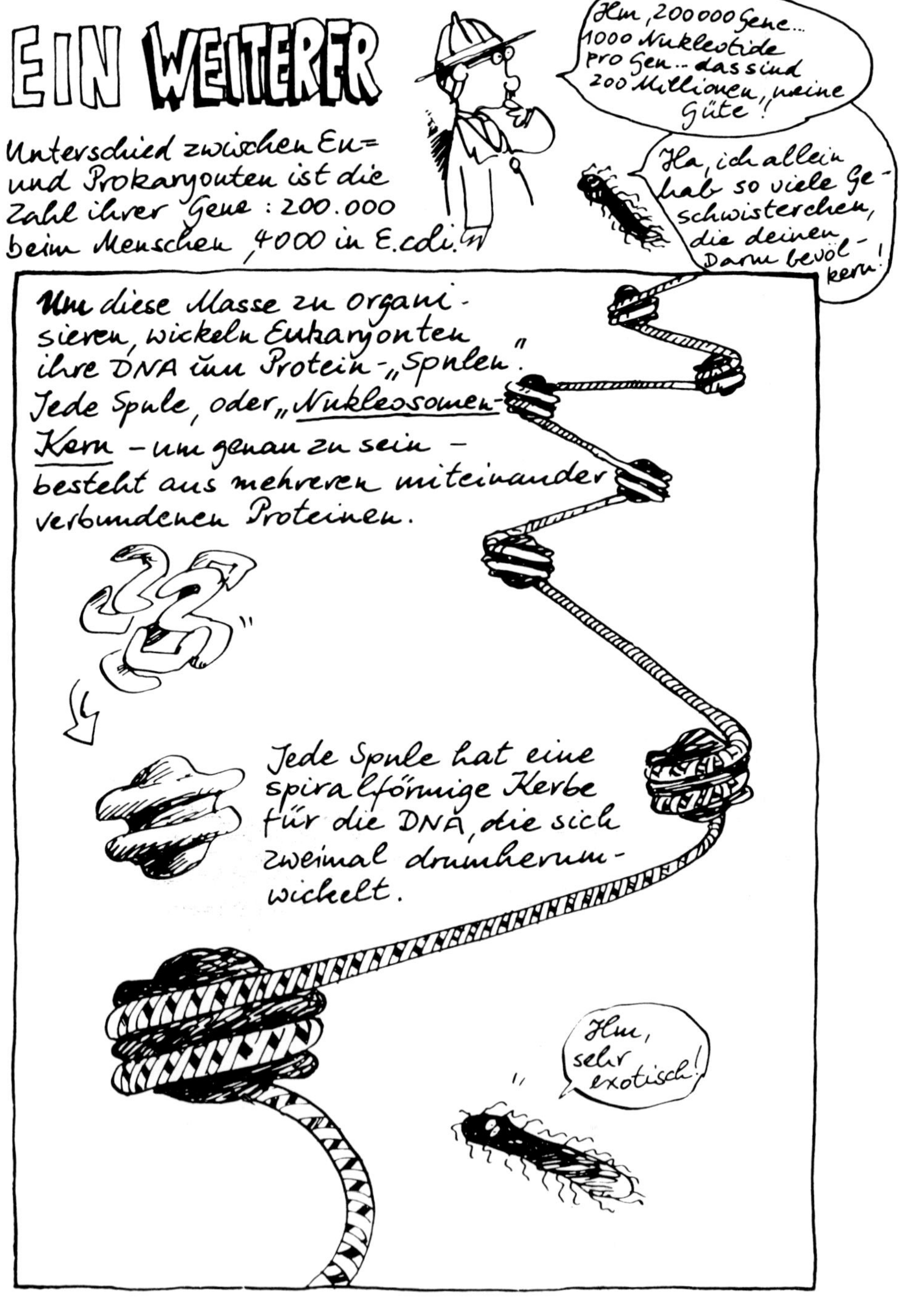
EIN WEITERER
Unterschied zwischen Eu- und Prokaryonten ist die Zahl ihrer Gene: 200.000 beim Menschen, 4000 in E.coli.
Hm, 200000 Gene... 1000 Nukleotide pro Gen... das sind 200 Millionen, meine Güte!
Ha, ich allein hab so viele Geschwisterchen, die deinen Darm bevölkern!
Um diese Masse zu organisieren, wickeln Eukaryonten ihre DNA um Protein-„Spulen". Jede Spule, oder „Nukleosomen-Kern" – um genau zu sein – besteht aus mehreren miteinander verbundenen Proteinen.
Jede Spule hat eine spiralförmige Kerbe für die DNA, die sich zweimal drumherumwickelt.
Hm, sehr exotisch!

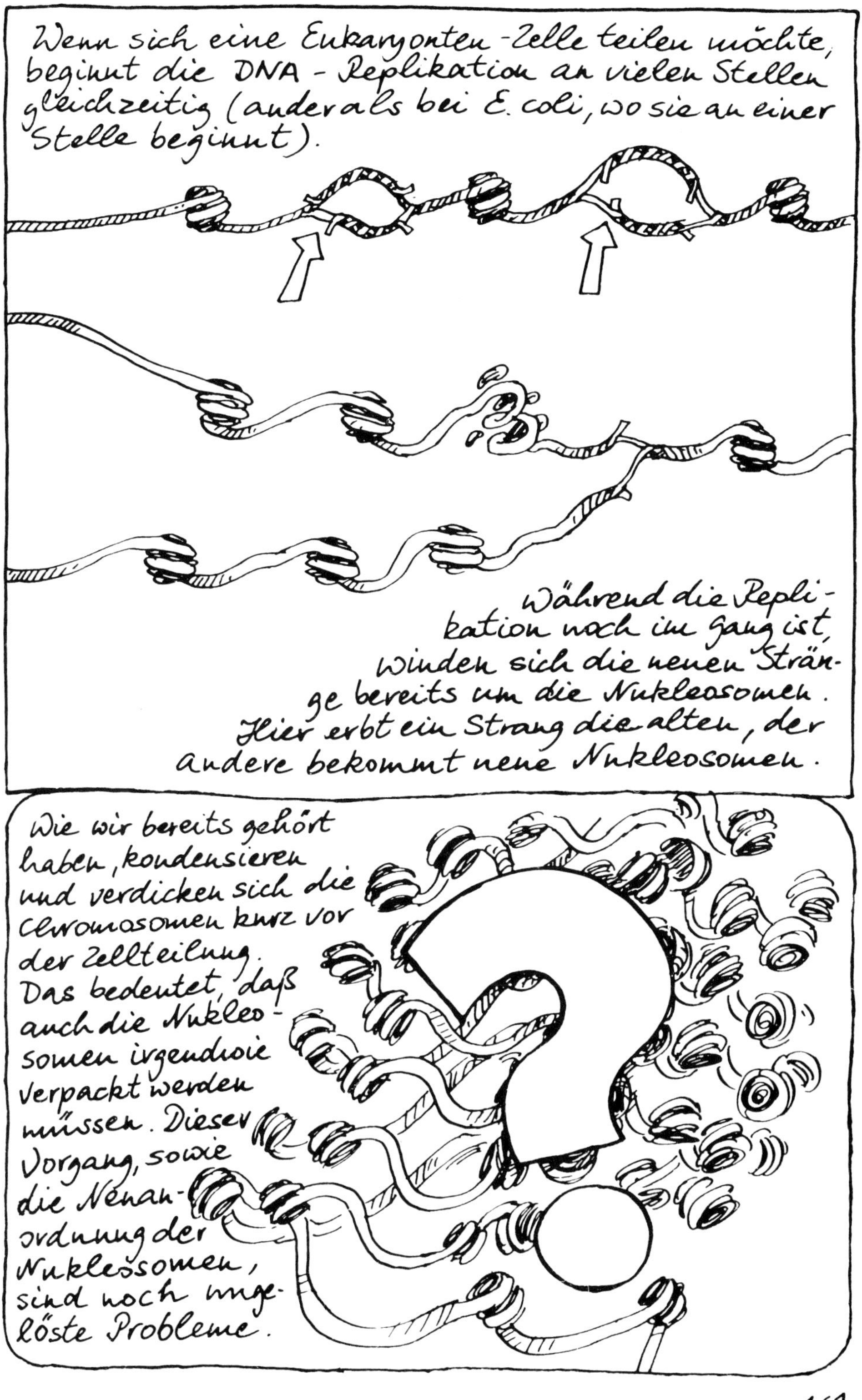
Wenn sich eine Eukaryonten-Zelle teilen möchte, beginnt die DNA-Replikation an vielen Stellen gleichzeitig (anderals bei E. coli, wo sie an einer Stelle beginnt).
Während die Replikation noch im Gang ist, winden sich die neuen Stränge bereits um die Nukleosomen. Hier erbt ein Strang die alten, der andere bekommt neue Nukleosomen.
Wie wir bereits gehört haben, kondensieren und verdicken sich die Chromosomen kurz vor der Zellteilung. Das bedeutet, daß auch die Nukleosomen irgendwie verpackt werden müssen. Dieser Vorgang, sowie die Neuanordnung der Nukleosomen, sind noch ungelöste Probleme.

EINE DRITTE Eigenheit Eukaryontischer Gene: Sie enthalten große Mengen sogenannter repetitiver DNA... Dies sind Sequenzen von Nukleotiden, die vielmals wiederholt vorkommen.
Wir Menschen z.B. haben eine Sequenz von 300 Basenpaaren, die nahezu eine Million mal vorkommt.
Das ist ein beträchtlicher Teil unserer gesamten DNA! Was kann das bedeuten?
Eine dritte Eigenheit Eukaryontischer Gene: sie enthalten sogenannte repetitive DNA...
Dies sind Sequenzen von Nukleotiden, die vielmals wiederholt vorkommen.
Wir Menschen, z.B. haben eine Sequenz von 300 Basenpaaren, die nahezu eine Million mal vorkommt.
Das ist ein beträchtlicher Teil unserer gesamten DNA!
Was kann das bedeuten?
Vielleicht dient es zur Betonung!

Mich!
Eine mögliche Antwort ist,
daß diese Sequenzen aus
„EGOISTISCHER DNA"
"besteht, die für unseren Orga-
nismus nutzlos ist. Ohne,
daß sie für Enzyme codieren,
benutzen sie unsere Chromo-
somen vielleicht nur als
Mitfahrgelegenheit!!

Eine dritte Eigenheit eukaryontischer Gene: Sie enthalten sogenannte repetitive DNA
Dies sind Sequenzen von Nukleotiden, die vielmals wiederholt vorkommen...
Ist ja schon gut, ich habs geschnallt!!

Trampst du nach Berlin?
Wo mögen diese genetischen Mitfahrer herkommen?

Eine Möglichkeit: Sie stammen von
VIREN
Viren sind die einfachsten bekannten Lebewesen – falls sie überhaupt lebendig sind. Sie sind sowohl lebendig wie nicht lebendig...
Erinnert mich an meinen alten Biolehrer...
Kleiner und einfacher noch als ein Bakterium besteht ein Virus nur aus zwei Teilen: ein bißchen Nukleinsäure, die durch einen Protein-Mantel umhüllt ist.
Innenansicht (aufgeschnitten)
Die Nukleinsäure, die entweder DNA oder RNA sein kann, codiert für die Protein-Hülle sowie für ein paar Enzyme, die für die Replikation notwendig sind.

Aber ein Virus kann sich nicht selbst vermehren, da ihm sowohl Ribosomen wie der Rest des Proteinsynthese-Apparates fehlen. Ein Virus kann nur als ein PARASIT „leben", indem er „die Wirtszelle befällt und ihre Ribosomen, Enzyme und Energie für sich ausnützt.

Sobald die Virus-DNA oder -RNA in der Wirtszelle ist, beginnt sie sich wie wild zu vermehren, bis zu dem Punkt, wo die Zelle auseinanderbirst!

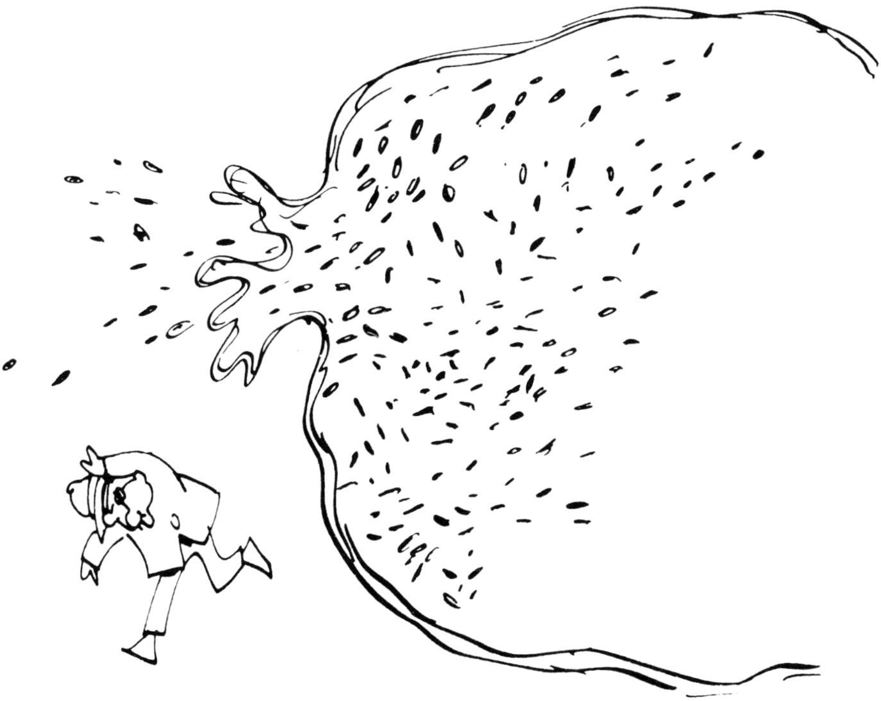

Das ist der typische Lebensstil (oder Nicht-Stil) eines Virus. Aber manche Viren sind noch raffinierter, indem sie nämlich ihre Gene in die DNA der Wirtszelle einbauen.

(Sogar manchen RNA-Viren gelingt dies. Sie codieren für ein Enzym, das vor der Insertion eine DNA-Kopie von ihrer RNA herstellt.)

Dies ist auch der Grund, warum bestimmte Virusinfektionen unheilbar sind: einmal in den Chromosomen wird man sie nicht wieder los. Unsere eigenen Chromosomen werden dann zu Herstellern neuer Viren!!

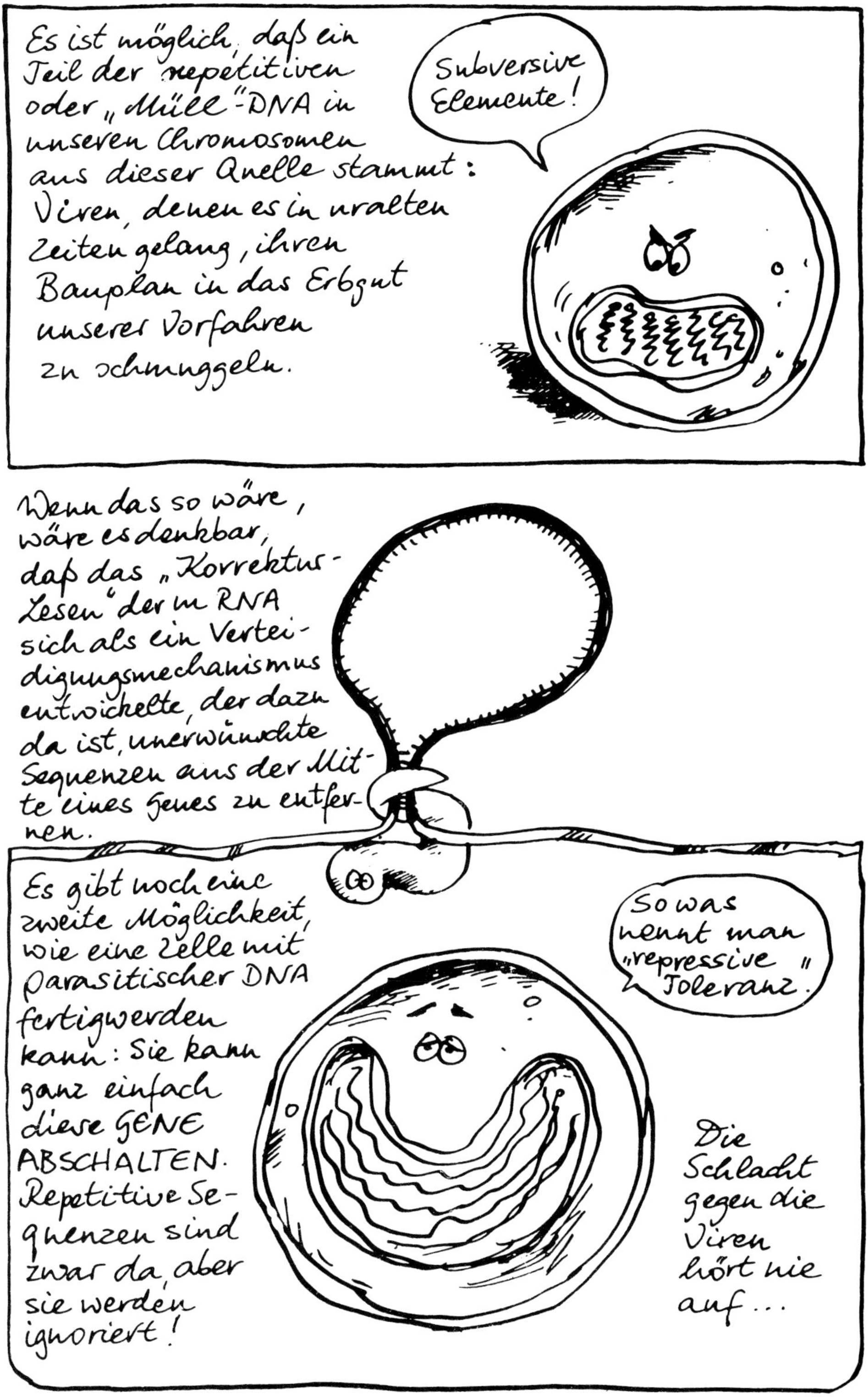
Es ist möglich, daß ein Teil der repetitiven oder „Müll"-DNA in unseren Chromosomen aus dieser Quelle stammt: Viren, denen es in uralten Zeiten gelang, ihren Bauplan in das Erbgut unserer Vorfahren zu schmuggeln.
Subversive Elemente!
Wenn das so wäre, wäre es denkbar, daß das „Korrektur-Lesen" der m RNA sich als ein Verteidigungsmechanismus entwickelte, der dazu da ist, unerwünschte Sequenzen aus der Mitte eines Genes zu entfernen.
Es gibt noch eine zweite Möglichkeit, wie eine Zelle mit parasitischer DNA fertigwerden kann: Sie kann ganz einfach diese GENE ABSCHALTEN. Repetitive Sequenzen sind zwar da, aber sie werden ignoriert!
So was nennt man „repressive" Toleranz.
Die Schlacht gegen die Viren hört nie auf...

MUTATION & DOMINANZ
(nicht schon wieder!)

Jetzt, wo wir verstehen, was Gene wirklich sind, können wir auch viel besser verstehen, was MUTATION und DOMINANZ bedeuten.

Eine Mutation in einem Gen ist nichts weiter als eine Änderung in seiner DNA-Sequenz. Selbst ein Fehler in einem EINZIGEN NUKLEOTID kann tiefgreifende Auswirkungen haben.

Hier ist eine kleine aber verheerende Mutation in dem Gen für Hämoglobin dargestellt, das Protein, das den Sauerstoff im Blut befördert.

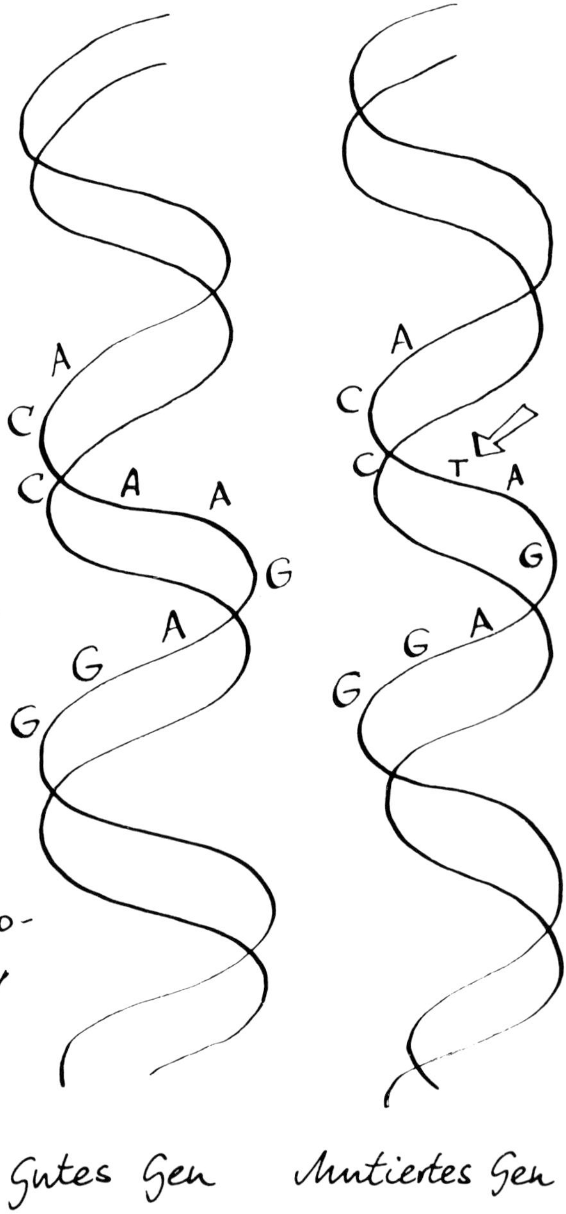

Der Grund dafür ist, natürlich, daß die Änderung sich im PROTEIN widerspiegelt, das von dem Gen codiert wird... Zunächst entsteht eine fehlerhafte m RNA, dann das Protein...

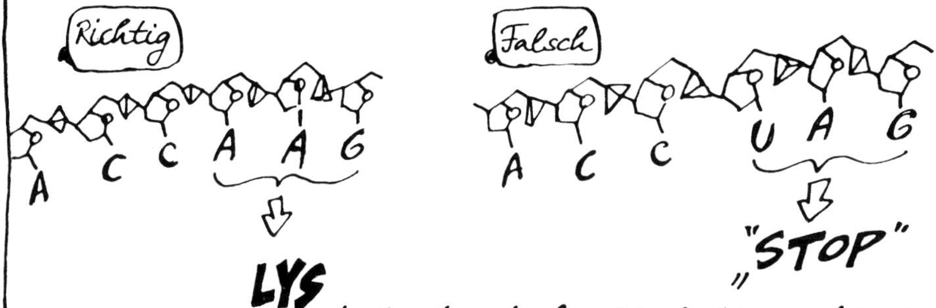

Diese besonders katastrophale Mutation, die das Protein in der Mitte unterbricht, verursacht eine ernsthafte Krankheit, die als Thalassämie bezeichnet wird. Sie besteht in der Unfähigkeit, Hämoglobin zu erzeugen. Das Opfer leidet an einem schmerzhaften Sauerstoffmangel.

Es kann auch vorkommen, daß eine Änderung überhaupt keine Wirkung zeigt. Wenn du dich an die Tabelle des genetischen Codes erinnerst, so wirst du noch wissen, daß der Code etwas redundant ist. Das heißt, eine Aminosäure kann durch mehrere verschiedene Codons bestimmt werden.

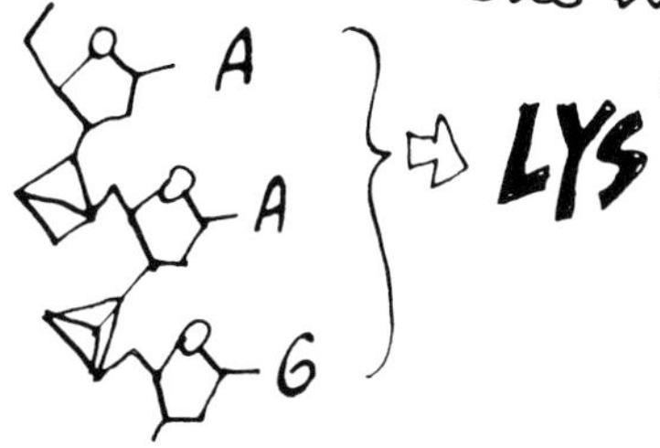

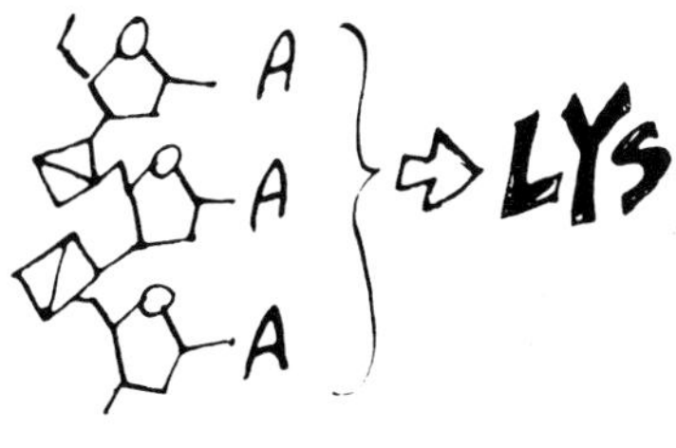

Manchmal kommt es vor, daß die „falsche" Aminosäure einigermaßen gut paßt (obwohl meistens nicht so perfekt).

Ganz, ganz selten kann es vorkommen, daß das Mutanten-Protein sogar besser funktioniert als vorher.

Meistens aber ruiniert die Mutation schlicht das Protein. Es ist viel leichter, etwas zu zerstören als etwas aufzubauen. Falls du daran zweifelst, kannst du ja mal probieren, willkürliche Änderungen bei Hausgeräten durchzuführen!

VORHER, (S. 91.)

hatten wir festgestellt, daß die meisten Mutationen rezessiv sind. Jetzt können wir verstehen warum: Eine Mutation bewirkt meist die UNFÄHIGKEIT, ein Enzym zu produzieren. In dem oben beschriebenen Beispiel ist das mutierte Gen nicht mehr in der Lage, Hämoglobin zu synthetisieren.

Wir haben jedoch ZWEI Sätze von Chromosomen. Selbst wenn einer der Sätze durch eine Mutation betroffen ist, kann das „Versicherungsgen" ein Enzym produzieren.

Nur die arme Seele mit einer doppelten Dosis von mutierten Genen wird an Thalassämie erkranken.

Wir haben noch nicht erwähnt, daß Allele auch
KO-DOMINANT,
sein können, das heißt, ein heterozygoter Organismus macht beide Phänotypen. Ein Beispiel sind die Blutgruppen.
Ah, ich liebe die Abwechslung...
A
B
O
Auf der Oberfläche von roten Blutkörperchen gibt es verschiedene genetisch festgelegte Zuckersequenzen. Ein Allel, I^A, bestimmt die Sequenz A. Ein anderes Allel bestimmt die Sequenz B.
A
B
I^AI^A
Bist du homozygot für I^A, so hat dein Blut ausschließlich die Sequenz A. Das ist Blut des A-Typs.
I^BI^B
Wenn du homozygot für I^B bist, hast du B-Blut.
I^AI^B
Ein Heterozygoter erzeugt beide Sequenzen und hat somit AB-Blut.
Und schließlich gibt es noch ein drittes Allel, I^o, das überhaupt keine Zucker-Sequenz erzeugt. Blut des O-Typs ist daher rezessiv.

Blutzellen sind auch ein gutes Beispiel für eine weitere Eigenheit von Zellen höherer Lebewesen: EIN ZELLENTYP KANN SICH IN EINEN ANDEREN ZELLENTYP VERWANDELN.

Ein rotes Blutkörperchen entsteht aus einer Vorläuferzelle im Knochenmark selbst,

ein perfekter Eukaryont – aber noch ohne Hämoglobin.

Zu einem bestimmten Zeitpunkt beginnt sich die Knochenmarkszelle zu verändern... unter anderem beginnt sie, Hämoglobin zu erzeugen.

Schließlich entsteht eine voll entwickelte rote Blutzelle.

Genetisch gesprochen geschah folgendes: Das Hämoglobin-Gen war zwar immer da, aber es war nicht immer expremiert – und das bringt uns gleich zum nächsten Thema...

GEN-REGULATION

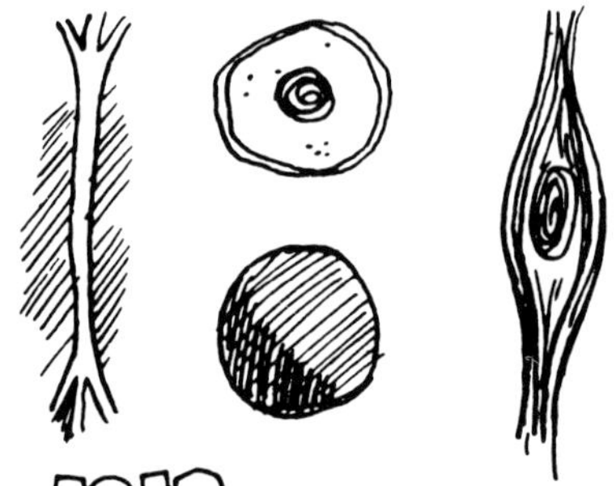

Alle höheren Lebewesen zeigen eine eindrucksvolle Sammlung verschiedener Zelltypen: Nerven, Blut, Muskeln, Haut, Augen, usw., usw.;

ABER,

trotz dieser Unterschiede haben alle Zellen den gleichen Satz* von Genen, da sie alle durch den Vorgang der Mitose, der die Chromosomen verdoppelt, aus befruchteten Eiern entstehen.

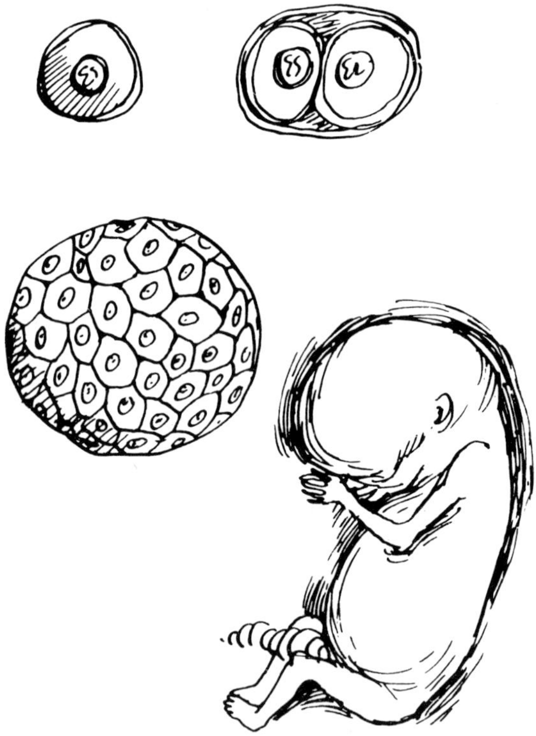

* Wie immer gibt es auch hierzu Ausnahmen.

Verschiedene Gene kommen bei verschiedenen Zellen ins Spiel... die Zellen müssen also „entscheiden" können, welche Gene sie „anschalten" müssen, und wann...
Sonst könnte allerhand dabei herauskommen!

Selbst das niedere Bakterium muß seine Gene regulieren. Wenn Nahrung vorhanden ist, muß es Verdauungsenzyme herstellen; sobald eine bestimmte Aminosäure knapp wird, muß es diese verstärkt synthetisieren; usw., usw.,
Wie üblich ist diese Frage bei E. coli am besten untersucht worden.

Die ersten, die eine Form der Genregulation entdeckten, waren die Franzosen JACQUES MONOD und FRANÇOIS JACOB, in den späten 50ern. Sie untersuchten die Fähigkeit von E. coli, den Zucker Laktose abzubauen.

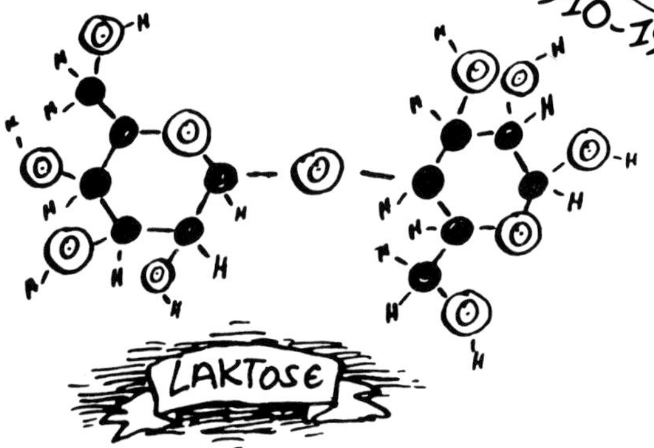

* Beide erhielten den Nobelpreis 1965

In Anwesenheit von Laktose produziert E. coli zwei Enzyme, die wir hier Y und Z nennen wollen.* Y öffnet die Zellwand für Laktose und Z bricht den Zucker in die Hälfte.

* Die wirklichen Namen sind Permease (Y) und Beta Galaktosidase (Z).

Ohne ins Detail gehen zu wollen (Die Experimente waren recht kompliziert) ist hier eine Zusammenfassung der wichtigsten Versuche von Jacob und Monod:
Dieser Versuch war schwieriger, als Sauce Bernard herzustellen!
Erstens fanden sie, daß die Gene für y und z, genannt „lac Y" und „lac Z", benachbart auf dem Chromosom liegen. Solch eine Ansammlung von Genen, die zusammen reguliert und für eine bestimmte Aufgabe gebraucht werden, nennt man ein
OPERON:
Dies ist das „Lac Operon"
lac Y
Die gute alte Oper!!
lac P
lac O
lac Z
Wir werden gleich diesen Teil erklären.
Am Start dieses (und jedes) Operons ist eine PROMOTER-Region, die hier als lac P bezeichnet wird. Das ist die Stelle, wo das Enzym RNA-POLYMERASE an die DNA bindet, um mit der Transkription der m RNA zu beginnen. (siehe S. 143)
Hmh!

Die erste
Art der Regulation ist einfach: Einige Promoter-Abschnitte gefallen der RNA-Polymerase besser als andere
PLATSCH
Das Gen für ein häufig gebrauchtes Enzym hat deshalb einen Promoter, an dem die RNA-Polymerase sehr leicht mit der Transkription beginnen kann, während ein Gen für ein Enzym, das nur in geringen Mengen gebraucht wird, einen „schwierigen" Promoter hat.
Drück Quetsch Bau

Wie ist es nun bei dem Laktose Operon, dessen Enzyme manchmal in großen Mengen gebraucht werden, (wenn Laktose anwesend ist) aber ansonsten überhaupt nicht benötigt werden??
lac O
An dieser Stelle kommt lac O in's Spiel!
O?

Monods und Jacobs Idee:
Es gibt ein Protein, den

REPRESSOR,

der auf der DNA zwischen dem Ort des Promoters und des ersten Gens, lac Z, sitzt. Diese Stelle wird als

OPERATOR,

oder lac O bezeichnet.

Der Repressor, den die französischen Forscher nie direkt nachweisen konnten, blockiert die Wirkung der RNA-Polymerase und schaltet so das gesamte Operon ab.

Noch etwas über den Repressor: Er kann auch Laktose* binden. Durch diese Bindung wird der Repressor so verdreht, daß er die DNA losläßt.

Bindung von DNA

Bindung von Laktose

*In Wirklichkeit nicht Laktose selbst, sondern ein Derivat davon – aber das ist nebensächlich!

Im Normalzustand sitzt der Repressor am Operator und reprimiert das Gen:
Da kommt eine kleine Laktose und lockt den Repressor an:
Er beugt sich zu ihr hin, verliert dabei den Halt und schon flitzt die RNA-Polymerase ...
WUPP
... unter ihm durch!
Die ganze Operon-Einheit wird daraufhin von der Polymerase mehrfach „abgelesen".
Die neuentstandenen Proteine lassen weitere Laktose-Moleküle herein und verdauen sie ...
Schließlich, nachdem von der Laktose nichts mehr übrig ist, kann sich der Repressor wieder entspannen und an seinen ursprünglichen Ort auf dem Chromosom zurückkehren.

Repressoren sind ein häufig eingeschlagener Weg, um induzierbare" Enzyme zu "regulieren, d.h., Enzyme, die als Antwort auf Stoffe wie Laktose produziert werden... Aber trotz ihrer brillanten Idee konnten Monod und Jacob den Repressor nie direkt nachweisen. Er blieb eine theoretische Möglichkeit.

... Bis 1967, als es WALTER GILBERT und BENNO MÜLLER-HILL mit raffinierten Techniken gelang, die ominösen Proteine zu finden. Ihre Versuche machten auch deutlich, warum sie so schwer zu finden sind: Ein E. coli-Bakterium enthält bloß FÜNF bis ZEHN lac Repressor-Moleküle. Später gelang es Gilbert, Mutanten von E. coli zu züchten, die sie in viel größeren Mengen produzierten...

Eine andere Methode der Gen-Regulation läuft unter dem Namen

ATTENUIERUNG

Hiermit wird ein Operon in E. coli gesteuert, das für die Synthese von HISTIDIN verantwortlich ist.

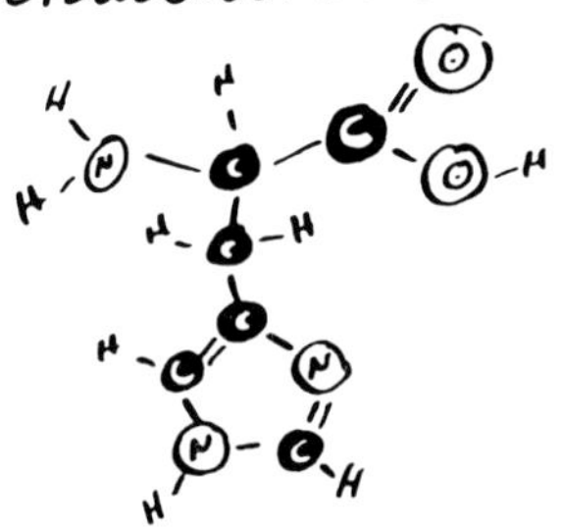

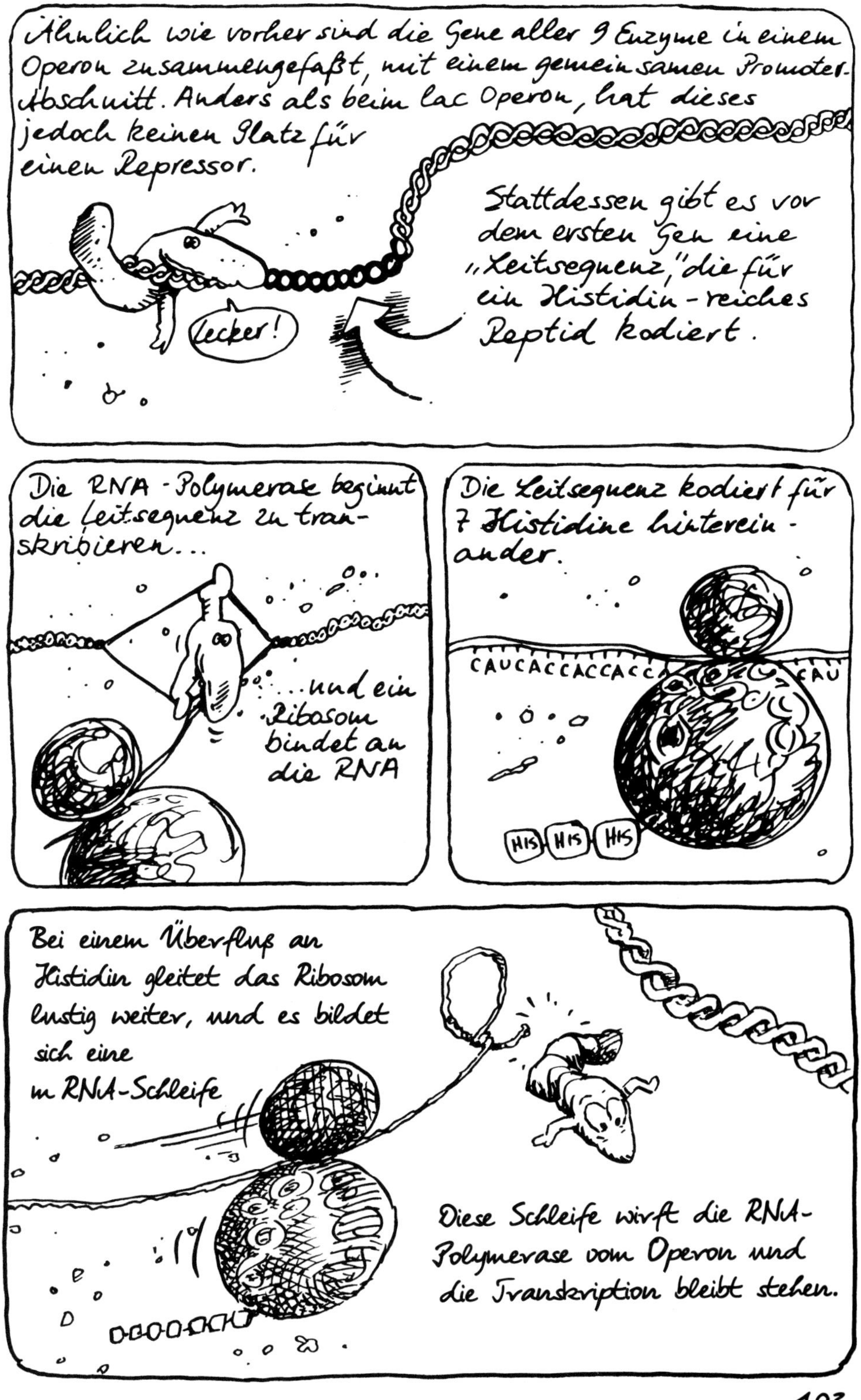
Ähnlich wie vorher sind die Gene aller 9 Enzyme in einem Operon zusammengefaßt, mit einem gemeinsamen Promoter-Abschnitt. Anders als beim lac Operon, hat dieses jedoch keinen Platz für einen Repressor.
Lecker!
Stattdessen gibt es vor dem ersten Gen eine „Leitsequenz", die für ein Histidin-reiches Peptid kodiert.
Die RNA-Polymerase beginnt die Leitsequenz zu transkribieren...
...und ein Ribosom bindet an die RNA
Die Leitsequenz kodiert für 7 Histidine hintereinander.
CAUCACCACCACC
CAU
HIS
HIS
HIS
Bei einem Überfluß an Histidin gleitet das Ribosom lustig weiter, und es bildet sich eine m RNA-Schleife
Diese Schleife wirft die RNA-Polymerase vom Operon und die Transkription bleibt stehen.

Ergebnis?
Histidin-Mangel schaltet das Gen an, Überschuß schaltet das Gen ab.

Das Porträt des Gens, wie es zunächst von Mendel skizziert und von späteren Generationen ausgemalt wurde, stellte etwas dar, was starr und unbeweglich war, abgesehen von gelegentlichen Mutationen.
GEN
Neuere Entdeckungen zeigen ein Gen, das beweglich und plastisch ist. Tatsächlich beruht eine wichtige Spielart der Gen-Regulation auf etwas, das wir
SPRINGENDE GENE.
nennen könnten.
Hoppla!
Der Mechanismus ist noch ungeklärt, aber es scheint ein Enzym (oder Enzyme) zu geben, die bestimmte DNA-Abschnitte UMDREHEN (invertieren) können:
Invertierte Sequenz

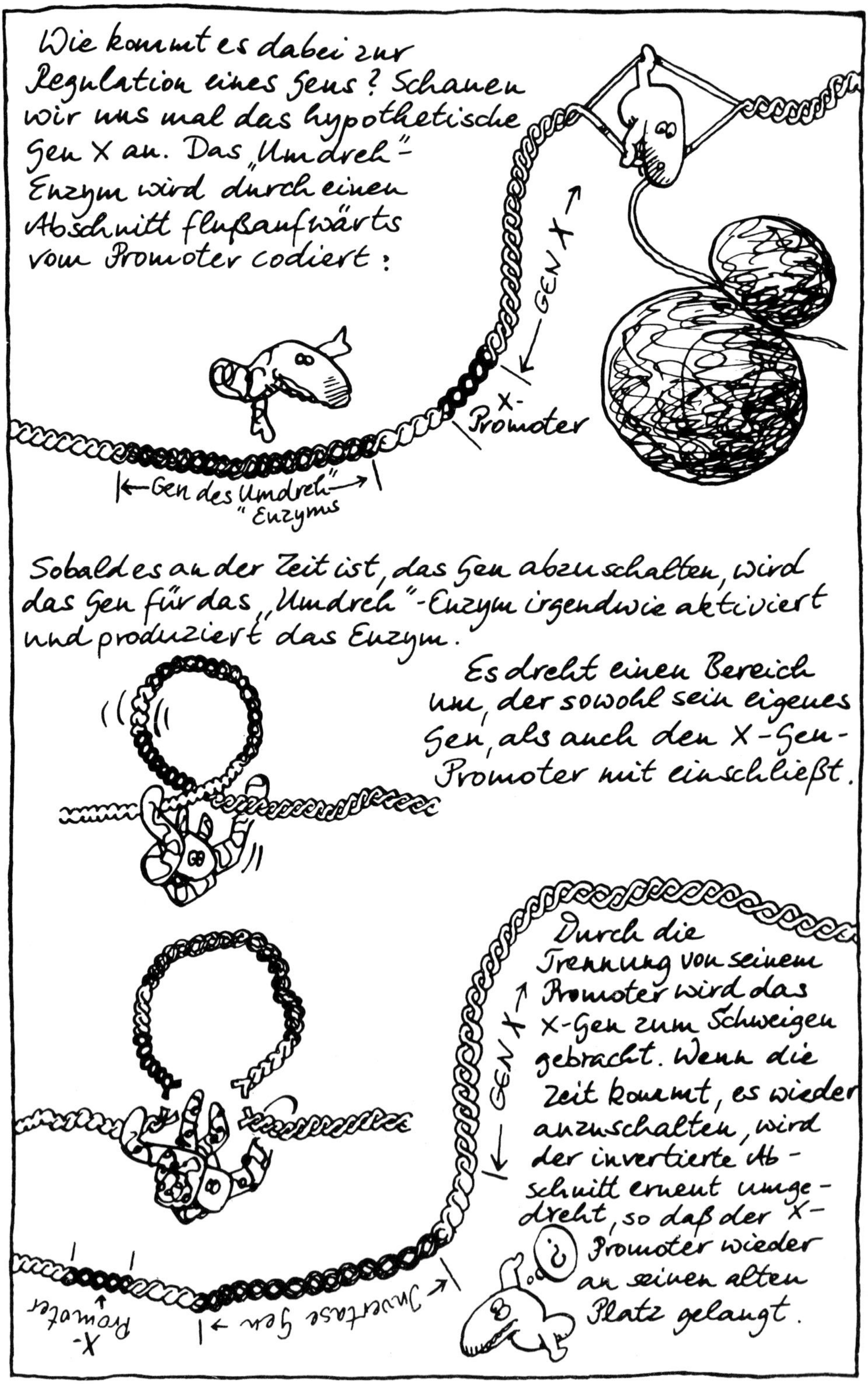
Wie kommt es dabei zur Regulation eines Gens? Schauen wir uns mal das hypothetische Gen X an. Das „Umdreh“-Enzym wird durch einen Abschnitt flußaufwärts vom Promoter codiert:
GEN X
X-Promoter
Gen des „Umdreh“-Enzyms
Sobald es an der Zeit ist, das Gen abzuschalten, wird das Gen für das „Umdreh“-Enzym irgendwie aktiviert und produziert das Enzym.
Es dreht einen Bereich um, der sowohl sein eigenes Gen, als auch den X-Gen-Promoter mit einschließt.
Durch die Trennung von seinem Promoter wird das X-Gen zum Schweigen gebracht. Wenn die Zeit kommt, es wieder anzuschalten, wird der invertierte Abschnitt erneut umgedreht, so daß der X-Promoter wieder an seinen alten Platz gelangt.
GEN X
Invertase Gen
X-Promoter
?

Solche beweglichen Elemente oder

TRANSPOSONS,

sind sowohl bei Prokaryonten wie bei Eukaryonten verbreitet. Neben ihrer Fähigkeit, Gen-Abschnitte umzudrehen, können sie von Ort zu Ort springen, von Chromosom zu Chromosom. Die volle Funktion der Transposons wartet allerdings noch auf ihre Aufklärung.

Die sensationellsten Beispiele springender Gene sind die ANTIKÖRPER-GENE.

Antikörper sind Proteine, die als Abwehrwaffen des Köpers dienen. Sie greifen Bakterien, Viren und andere schädliche Eindringlinge an. Es gibt Millionen verschiedener Antikörper-Moleküle, die nach dem Schlüssel-Schloß-Prinzip exakt den „Feind" erkennen können.

Wie können so viele Antikörper durch Gene kodiert werden?

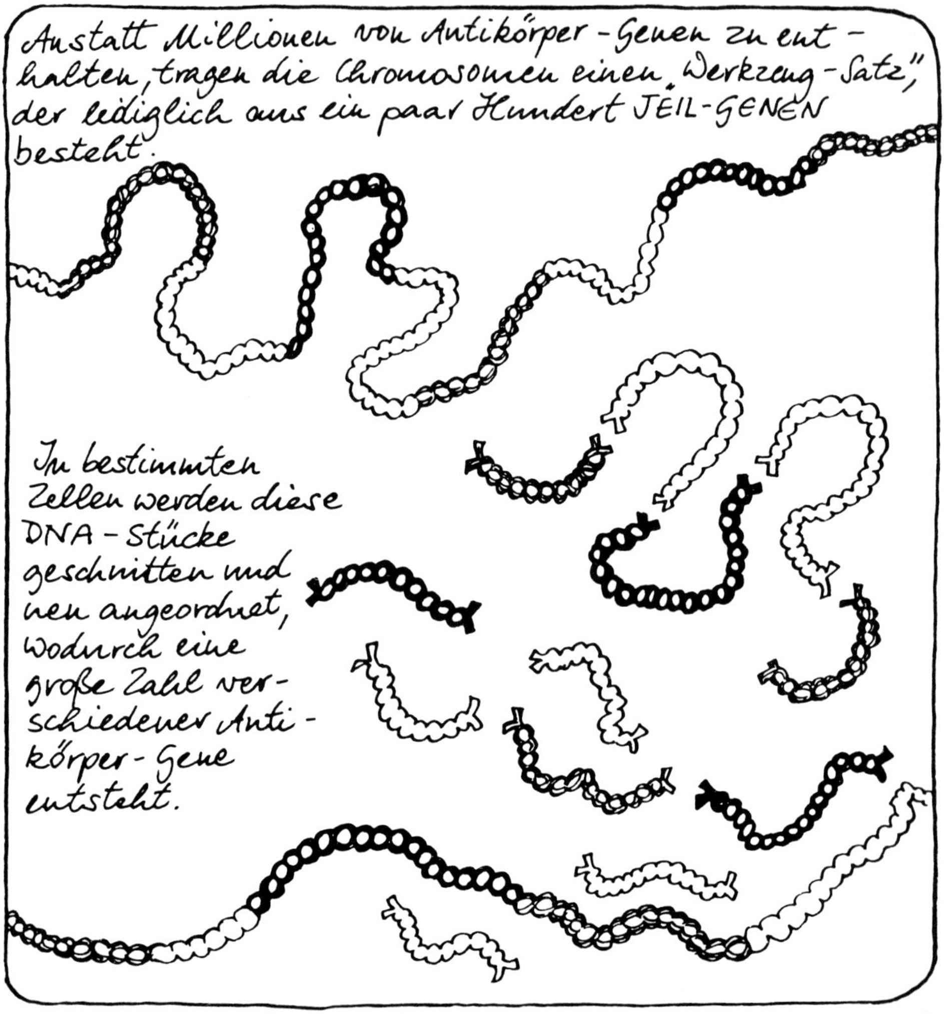

Wie der Organismus diesen Vorgang reguliert, ist noch ein Rätsel. Das gilt auch für eine Reihe von anderen Regulationsmechanismen bei Eukaryonten: So ist die Frage, wie das Hämoglobin-Gen angeschaltet wird, bisher noch unbeantwortet.

Es ist klar, daß die flexiblen Gene der Eukaryonten das große Forschungsthema der kommenden Jahre sein werden.

GEN CHIRURGIE

Solche Kombinationen können recht exotisch sein: Meistens verbindet man menschliche Gene mit denen des Bakteriums E. coli...

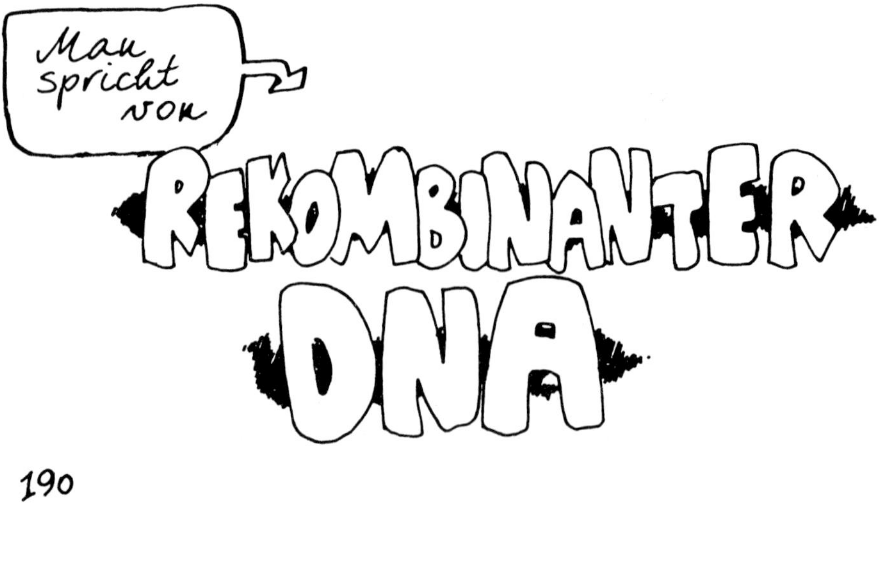

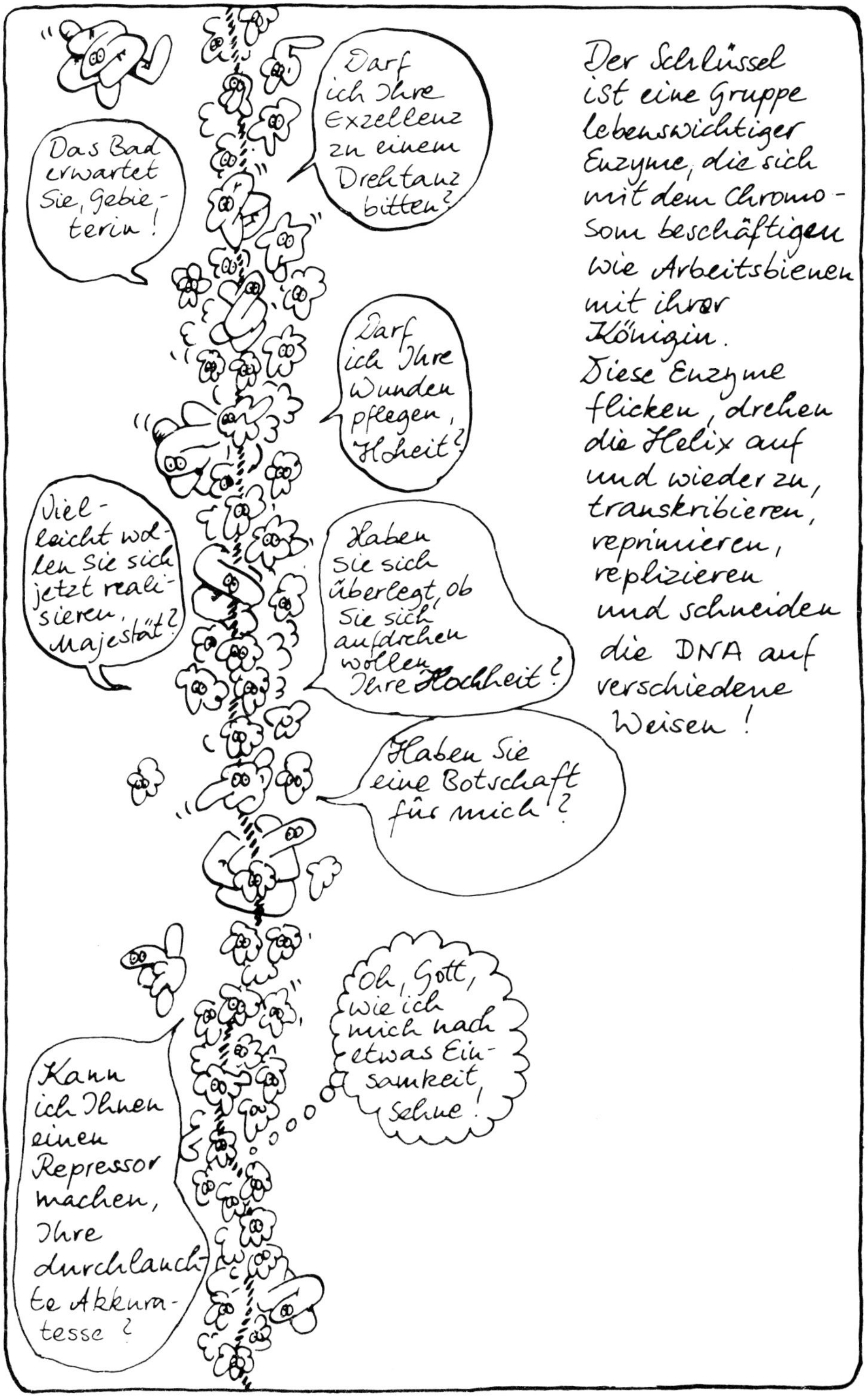

Der Schlüssel ist eine Gruppe lebenswichtiger Enzyme, die sich mit dem Chromosom beschäftigen wie Arbeitsbienen mit ihrer Königin. Diese Enzyme flicken, drehen die Helix auf und wieder zu, transkribieren, reprimieren, replizieren und schneiden die DNA auf verschiedene Weisen!
Das Bad erwartet Sie, Gebieterin!
Darf ich Ihre Exzellenz zu einem Drehtanz bitten?
Darf ich Ihre Wunden pflegen, Hoheit?
Vielleicht wollen Sie sich jetzt realisieren, Majestät?
Haben Sie sich überlegt, ob Sie sich aufdrehen wollen Ihre Hochheit?
Haben Sie eine Botschaft für mich?
Oh, Gott, wie ich mich nach etwas Einsamkeit sehne!
Kann ich Ihnen einen Repressor machen, Ihre durchlauchte Akkuratesse?

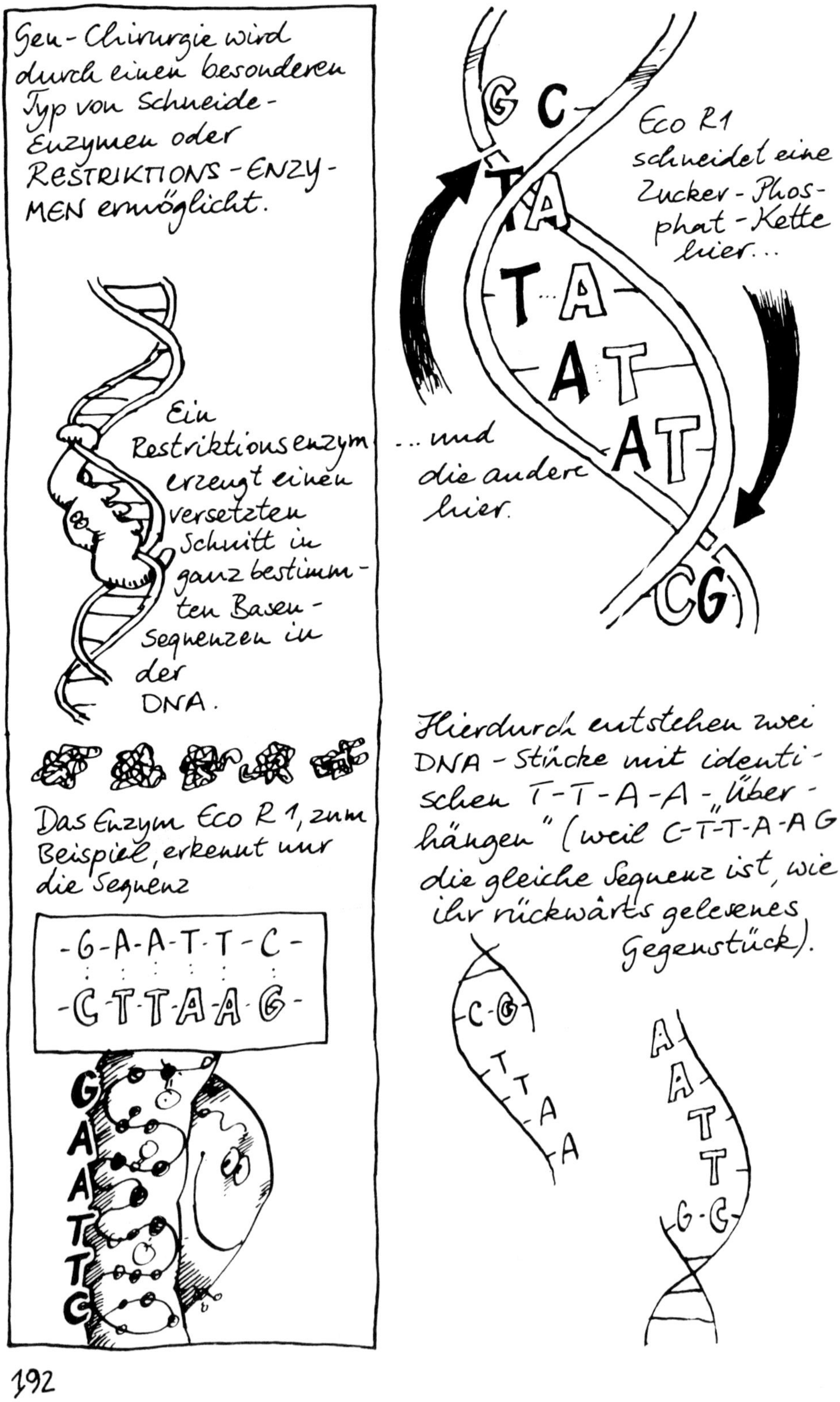
Gen-Chirurgie wird durch einen besonderen Typ von Schneide-Enzymen oder RESTRIKTIONS-ENZYMEN ermöglicht.
Ein Restriktionsenzym erzeugt einen versetzten Schnitt in ganz bestimmten Basensequenzen in der DNA.
Das Enzym Eco R 1, zum Beispiel, erkennt nur die Sequenz
-G-A-A-T-T-C-
-C-T-T-A-A-G-
G A A T T C
G C
T A
T A
A T
A T
C G
Eco R1 schneidet eine Zucker-Phosphat-Kette hier...
...und die andere hier.
Hierdurch entstehen zwei DNA-Stücke mit identischen T-T-A-A-„Überhängen" (weil C-T-T-A-A-G die gleiche Sequenz ist, wie ihr rückwärts gelesenes Gegenstück).
C-G
T
T
A
A
A
A
T
T
G-C

E. coli benützt Eco. R1, um „feindliche" DNA zu verdauen. Die Menschen haben sich das für ihre eigenen Zwecke zunutze gemacht.
Machst du meine Schwerter zu Pflugscharen?
Nein... zu Aktien in einer Gen-Technologie-Firma...

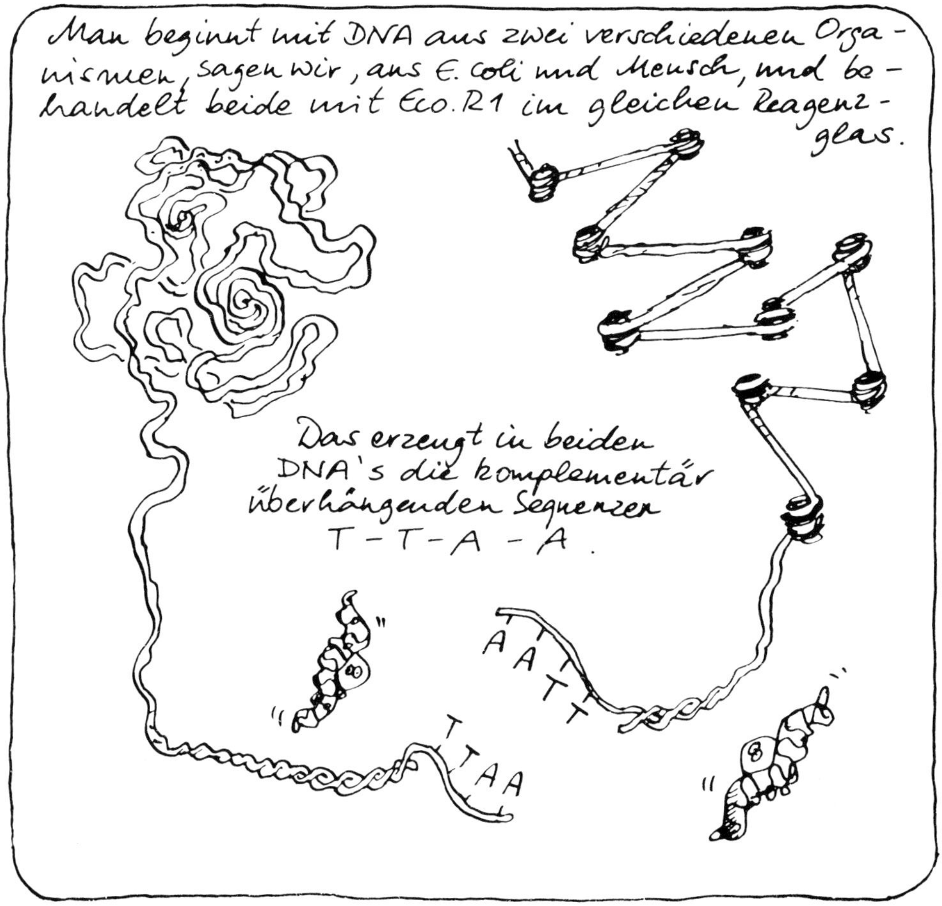
Man beginnt mit DNA aus zwei verschiedenen Organismen, sagen wir, aus E. coli und Mensch, und behandelt beide mit Eco. R1 im gleichen Reagenzglas.
Das erzeugt in beiden DNA's die komplementär überhängenden Sequenzen T-T-A-A.
AATT
TTAA

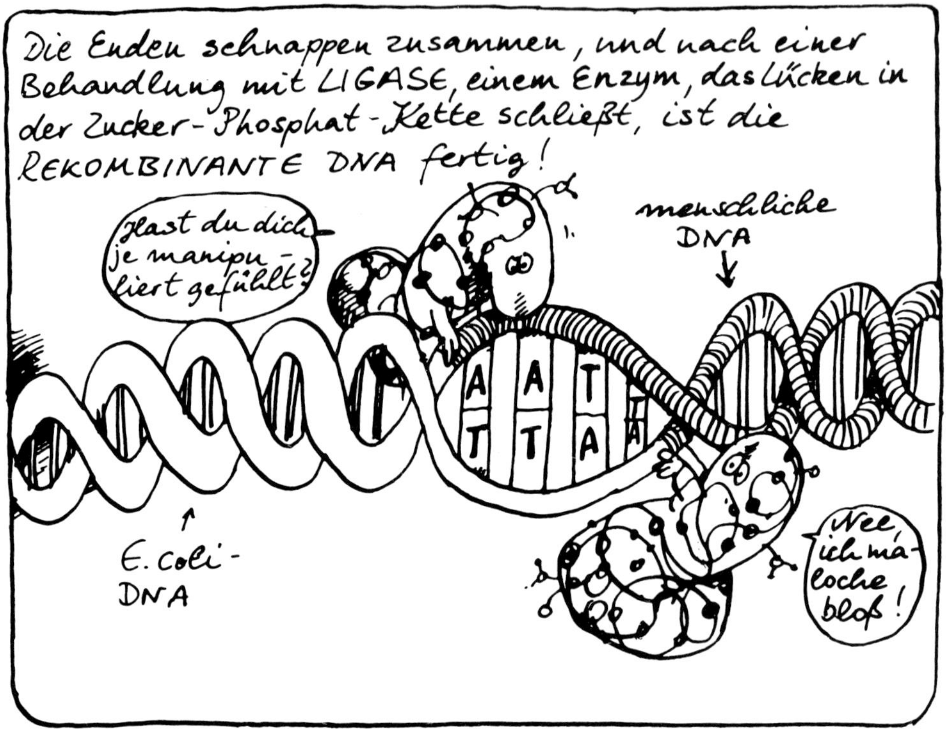

Was kann man mit solch einem Hybrid-Molekül anfangen? Was passiert, wenn Rekombinante DNA in einen lebenden Organismus eingeführt wird? Unter bestimmten Voraussetzungen zeigt es sich, daß Gen-Chirurgie von großem, praktischen Nutzen ist.

Die Technik heißt

GEN KLONIERUNG

und funktioniert so:

Suche dir zuerst ein menschliches Gen das ein nützliches Protein macht.

Als Bakterien DNA nimmst du am besten Sequenzen, die sofort repliziert werden, sobald sie in die Zelle zurückgelangen; man spricht von einem „Vektor.“

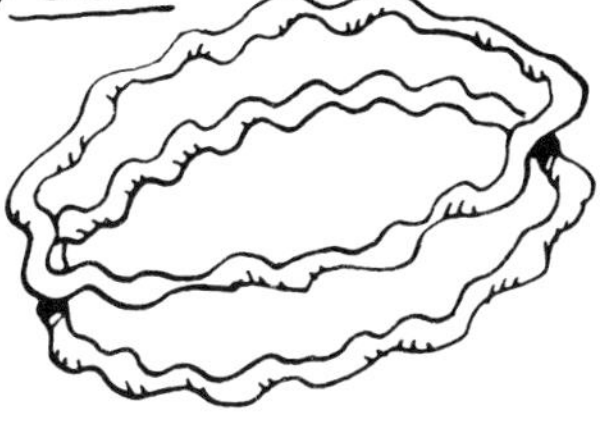

Glücklicherweise hat E. coli kleine DNA-Ringe, sogenannte PLASMIDE, die sich unabhängig von den Chromosomen vermehren können. Du wählst (oder konstruierst) jetzt ein Plasmid, das die Sequenz G-A-A-T-T-C enthält....

...und isolierst es aus dem Bakterium.

Genauso wie vorher führst du jetzt das menschliche Gen in das Plasmid ein –

und tust es zurück ins E. coli.

Sei frucht-bar und teile dich!
Jetzt fütterst du das Bakterium und läßt es sich vermehren
Das Plasmid wird mit allem anderen im Bakterium vermehrt.
In wenigen Stunden können wir eine Milliarde von Bakterien in nur wenigen Tropfen Nährlösung erhalten - und damit eine Milliarde Kopien des menschlichen Gens!
Wenn wir noch die richtigen regulatori-schen Sequenzen eingebaut haben, sollten die Bakterien das Gen exprimieren, und wir können große Mengen des entsprechenden Proteins extrahie-ren. Ist das nicht phantastisch?!
Gelobt sei!
Insulin
Inter-feron

Die Methode klingt einfach – und sie ist es im Prinzip auch. In der Praxis kann sie jedoch höchst kompliziert sein; aber die Meister in den Labors haben die meisten dieser praktischen Probleme gelöst. Wir können jetzt so gut wie jedes beliebige Gen klonieren ... meist in E. coli, aber auch in anderen schnell wachsenden Organismen, sogar in Eukaryonten wie Hefe.
Hallo! Ich erfülle nicht nur das Tagespensum an Vitaminen A, B, C, D und K, sondern ich schmecke auch noch wie gebratene Ente und verhüte den Krebs!
Brot der Zukunft!
Es ist sogar möglich, Gene in menschlichen Zellen zu klonieren; bisher geht das aber nur in einer Petrischale – nicht in einem richtigen Menschen ...
Aber eines Tages ...

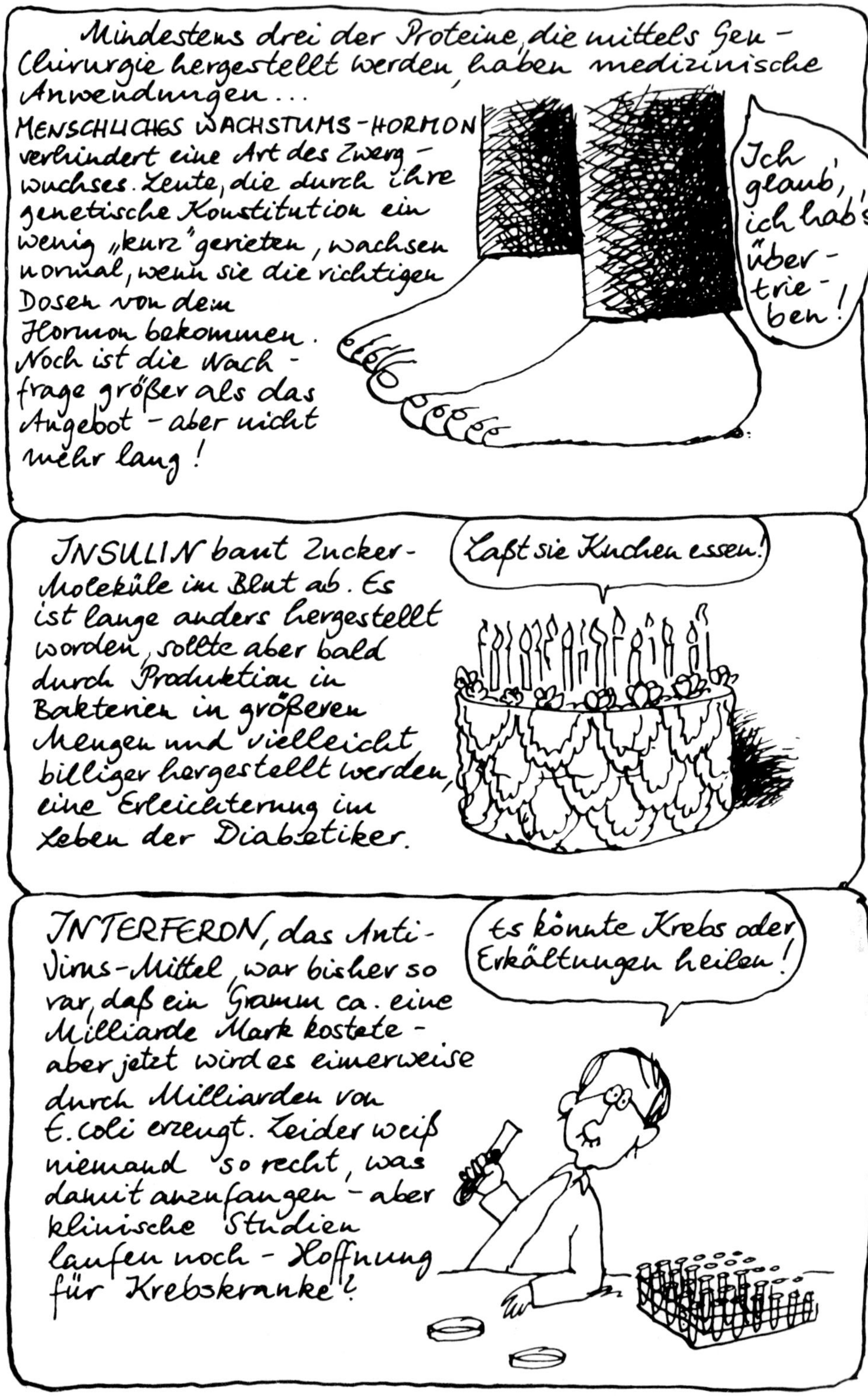
Mindestens drei der Proteine, die mittels Gen-Chirurgie hergestellt werden, haben medizinische Anwendungen...
MENSCHLICHES WACHSTUMS-HORMON verhindert eine Art des Zwergwuchses. Leute, die durch ihre genetische Konstitution ein wenig „kurz" gerieten, wachsen normal, wenn sie die richtigen Dosen von dem Hormon bekommen. Noch ist die Nachfrage größer als das Angebot – aber nicht mehr lang!
Ich glaub', ich hab's übertrieben!
INSULIN baut Zucker-Moleküle im Blut ab. Es ist lange anders hergestellt worden, sollte aber bald durch Produktion in Bakterien in größeren Mengen und vielleicht billiger hergestellt werden, eine Erleichterung im Leben der Diabetiker.
Laßt sie Kuchen essen!
INTERFERON, das Anti-Virus-Mittel, war bisher so rar, daß ein Gramm ca. eine Milliarde Mark kostete – aber jetzt wird es eimerweise durch Milliarden von E. coli erzeugt. Leider weiß niemand so recht, was damit anzufangen – aber klinische Studien laufen noch – Hoffnung für Krebskranke?
Es könnte Krebs oder Erkältungen heilen!

Plötzlich wird die Gen-Technologie
DAS GROSSE GESCHÄFT
Der amerikanische Traum!
GEN-BLITZ
EINE WACHSENDE INDUSTRIE
Angelockt durch Gewinne mit Proteinen haben Geldanleger Biologie-Professoren zu einer neuen Art von Unternehmen überredet: GENTECHNOLOGIE-FIRMEN
Sie sind unser Mann, Prof!
Sie machen Proteine mit winzigen Bakterien – wir machen Schätze aus winzigen Anlagen ...
Daheim in den Universitäten ist dies Anlaß für Sorgen ...
Ist freier Wissensaustausch noch möglich, wenn unsere Entdeckungen zu GESCHÄFTSGEHEIMNISSEN werden?
Kann PROFITGIER das Motiv freier Forschung sein?
Wollen wir uns die Hände mit GELD beschmutzen?

... was aber das Wachstum dieser Industrie keinesfalls gebremst hat!
WO KANN ICH MEINE HÄNDE BESCHMUTZEN ???
Diese Entwicklung führt auch außerhalb der Universitäten zu Besorgnis ...
Wo bleibt bloß der Krankenwagen?

Wem werden die Patente der neuen Technologie gehören? Was genau LÄSST sich patentieren? Ein Ausrüstungsgegenstand? Ein experimentelles Verfahren? Eine neue LEBENSFORM?
Hm vielleicht sollte ich doch noch mal vorher zum Patentanwalt...
Diese Frage ist bereits vom amerikanischen Verfassungsgericht aufgegriffen worden, das entschieden hat, daß NEU ENTWICKELTE LEBENSFORMEN patentiert werden können!
Jemand schuldet mir Ertragsbeteiligungen für die letzten Milliarden Jahre!!
Das Dilemma ist da... Professoren beschuldigen sich gegenseitig, ihre Labors für Privatgeschäfte zu mißbrauchen... Doktoranden stehen plötzlich vor veränderten Themen... Und natürlich ist da auch noch die Eifersucht...
Warum sollen diese Gen-Schneider reich werden, während ich, der Entdecker des Geschlechtszyklus der gefleckten Gelbhausschnecke arm bleibe?

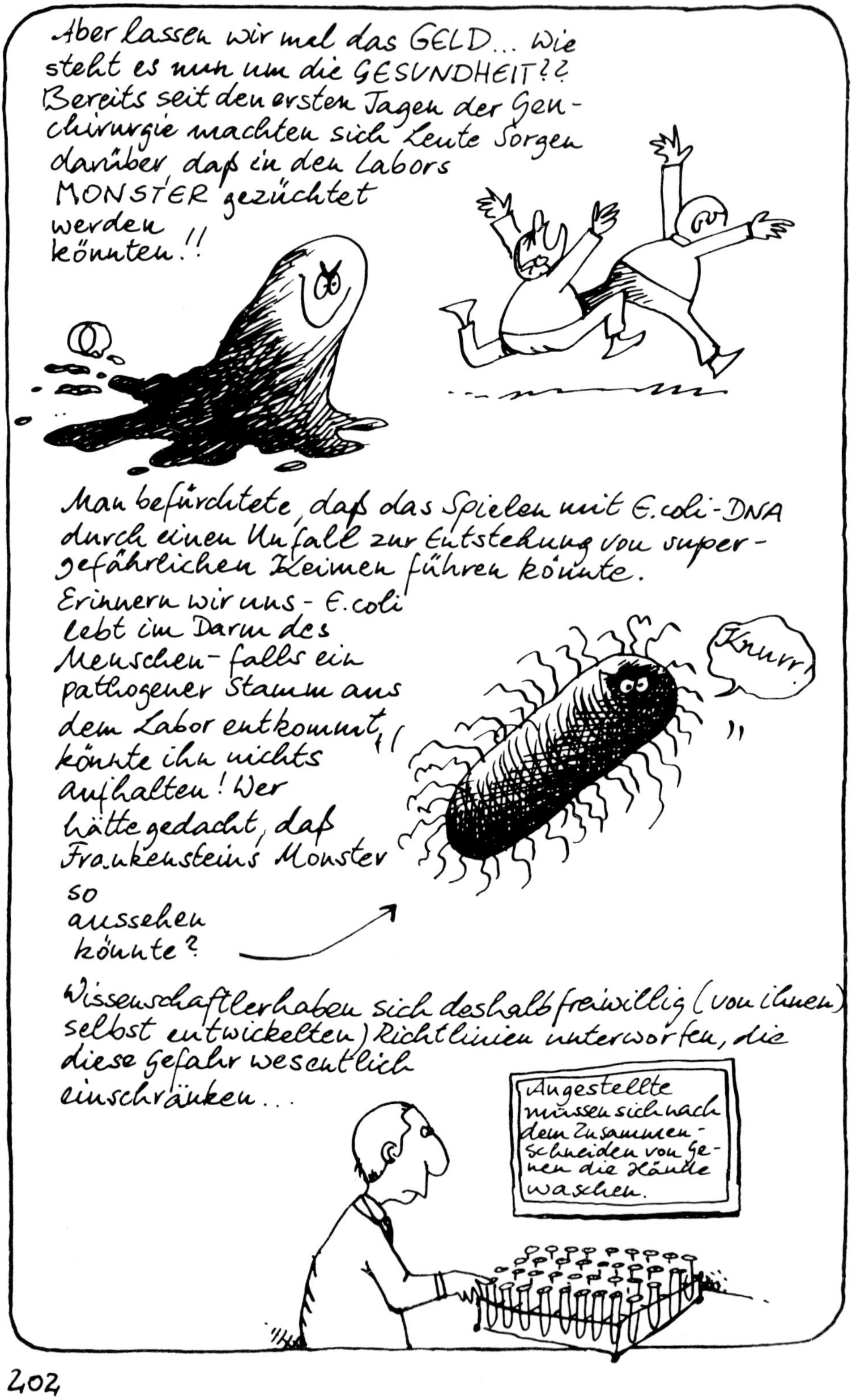

Aber lassen wir mal das GELD... Wie steht es nun um die GESUNDHEIT?? Bereits seit den ersten Tagen der Genchirurgie machten sich Leute Sorgen darüber, daß in den Labors MONSTER gezüchtet werden könnten!!
Man befürchtete, daß das Spielen mit E. coli-DNA durch einen Unfall zur Entstehung von supergefährlichen Keimen führen könnte.
Erinnern wir uns - E. coli lebt im Darm des Menschen - falls ein pathogener Stamm aus dem Labor entkommt, könnte ihn nichts aufhalten! Wer hätte gedacht, daß Frankensteins Monster so aussehen könnte?
„Knurr!"
Wissenschaftler haben sich deshalb freiwillig (von ihnen selbst entwickelten) Richtlinien unterworfen, die diese Gefahr wesentlich einschränken...
Angestellte müssen sich nach dem Zusammenschneiden von Genen die Hände waschen.

Seit den frühen Tagen hat die Angst deutlich nachgelassen ... Es hat bisher noch keine ernsthafte Gefahr bestanden!
Es ist noch nichts passiert, also kann es auch nicht passieren!
Hm, klingt nach Aristoteles...
...oder nach einem Kernwaffen-Strategen...
Die erfreulichste Tatsache aber ist die, daß der E.coli-Stamm, der meist zum Klonieren verwendet wird durch seine vielen Jahre in Laboratorien so gezähmt worden ist, daß er im Darm nicht mehr überleben kann!
Wir haben einen Krüppel gezüchtet!
„schluchz" wir können nicht mehr nach Hause gehen...
ALSO: vielleicht gibt es keinen Grund zur Besorgnis... obwohl es bekannt ist, daß die Sicherheitsmaßnahmen der Universitäten nicht von allen Privatfirmen eingehalten werden!!!

Viel wahrscheinlicher ist es, daß jemand einen tödlichen Keim ABSICHTLICH herstellt. Wer mag das wollen, fragst du dich?

Die Obristen sind bekannt dafür, daß sie neue Technologien für militärische Zwecke einsetzen, und sie finden in der Regel auch Wissenschaftler, die ihnen gehorchen.

Es sollte uns trösten, daß biologische Waffen durch internationale Abkommen verboten sind, aber man kann nie wissen....

Es ist eine politische Frage, die durch den Fortschritt der Forschung erhoben wurde – kein Einzelfall in unserem Jahrhundert.

Sollte die Gen-Chirurgie wegen ihrer potentiellen Gefahren verboten werden? Fast ohne Ausnahme sagen die Biologen: Nein! Warum sollte man gleichzeitig mit der Verhinderung eines militärischen Mißbrauchs auch die medizinischen Anwendungen ablehnen?

Außerdem, die Gifte, die man neu herstellen könnte, sind wahrscheinlich nicht schlimmer als die, die es bereits gibt, während die medizinischen Fortschritte REVOLUTIONÄR zu werden versprechen.

WIR STEHEN KURZ DAVOR

Versuche am Menschen sind der Gegenstand heftiger Kontroversen. Ein gutes Beispiel ist ein kürzlich durchgeführter Versuch, THALASSÄMIE zu heilen.

Vielleicht erinnerst du dich, daß diese Krankheit die Unfähigkeit ist, Hämoglobin herzustellen, ausgelöst durch ein „STOP"-Codon in der Mitte des Gens.

Thalassämie-Patienten können an Anämie, Knochenanomalien und Herzproblemen leiden. Sie brauchen häufige Bluttransfusionen um zu überleben, aber auch das hindert sie nicht an einem frühen Tod.

Mit den Erfolgen der Gen-Technologie begannen die Ärzte zu hoffen, daß man die Krankheit durch das Einbringen eines GUTEN Gens in ein menschliches Chromosom heilen könnte.

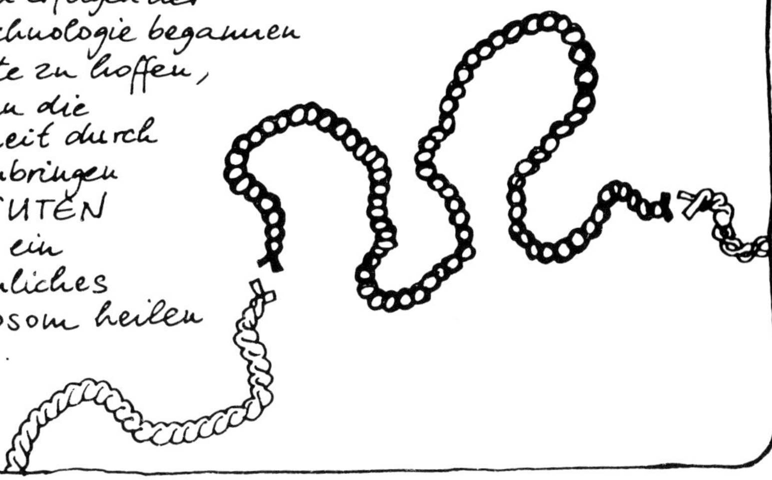

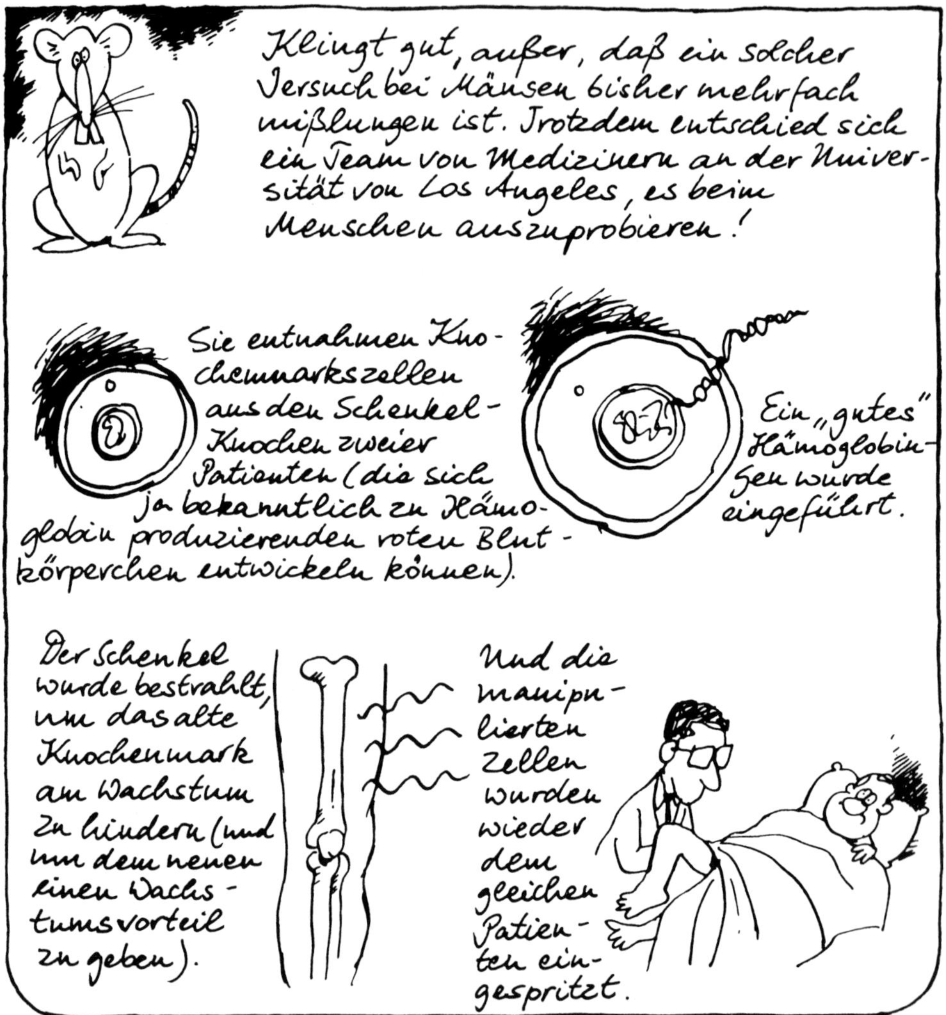

Klingt gut, außer, daß ein solcher Versuch bei Mäusen bisher mehrfach mißlungen ist. Trotzdem entschied sich ein Team von Medizinern an der Universität von Los Angeles, es beim Menschen auszuprobieren!
Sie entnahmen Knochenmarkszellen aus den Schenkel-Knochen zweier Patienten (die sich ja bekanntlich zu Hämoglobin produzierenden roten Blutkörperchen entwickeln können).
Ein „gutes" Hämoglobin-Gen wurde eingeführt.
Der Schenkel wurde bestrahlt, um das alte Knochenmark am Wachstum zu hindern (und um dem neuen einen Wachstumsvorteil zu geben).
Und die manipulierten Zellen wurden wieder dem gleichen Patienten eingespritzt.

Und das Ergebnis
Absolut Nix!
(Seither hat das Experiment geklappt - bei Mäusen)
Seufz
Das Experiment ist hin
und der Patient ...

Die Mediziner sind daraufhin ziemlich unter Beschuß genommen worden.

Mehrere Einwände wurden erhoben:

Trotzdem wird dies wahrscheinlich der Weg bleiben, mit dem Gentherapie durchgeführt wird, da Knochenmark sich besonders leicht verpflanzen läßt.

Es gibt mehrere Krankheiten, die so geheilt werden könnten:

Thalassämie, natürlich, obwohl die L.-A.-Uni-Experimente gezeigt haben, daß es nicht leicht sein wird.

Sichelzell-Anämie ist eine Krankheit, die besonders bei Schwarzen vorkommt. Hier wird's noch schwer, weil das mutierte Gen nicht rezessiv ist, sondern ko-dominant

Hämophilie, durch das Fehlen eines einzigen Blut-Proteins ausgelöst, dürfte die Krankheit sein, die sich am leichtesten heilen läßt

Und dann gibt es noch Immundefizienz-Krankheiten, ausgelöst durch rezessive Gene im Knochenmark. Noch müssen Leute mit diesen Krankheiten unter sterilen Glocken leben

So sind die Dinge mit Pflanzen und Tieren schneller fortgeschritten. Es gibt bereits Baumwolle, Tomaten und Tabakpflanzen, die durch das Einführen eines Bakterien-Gens giftig für Insekten geworden sind.

Transgene Pflanzen und Tiere können ihre neuen Gene an ihre Nachkommen weitergeben, da die Gene in einem sehr frühen Entwicklungsstadium eingesetzt werden, was es ihnen erlaubt, in Sperma und Eizellen zu gelangen. Deshalb würden ähnliche Experimente beim Menschen zu schwerwiegenden ethischen Bedenken führen.

Aber – wir kommen der Sache schnell näher. Es gibt bereits "Retorten-Babys" – im Reagenzglas befruchtet und dann, nach ein paar Teilungen der befruchteten Eizelle, in die Mutter zurückverpflanzt, wo sie sich normal weiterentwickeln ...

Was hätte Mendel, der Mönch, hierzu gesagt?

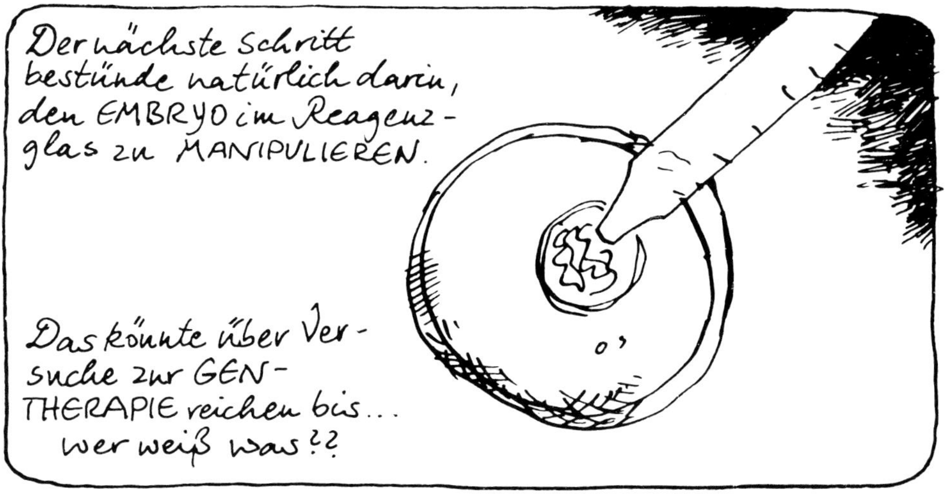

Im Extremfall könnte es möglich werden, Leute zu KLONIEREN. Der Kern des Eis könnte entfernt und durch einen Kern ersetzt werden, der aus einer andern Person stammt.

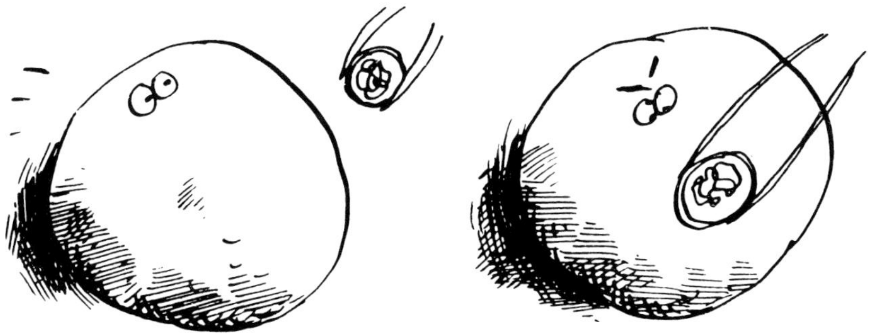

Klingt an den Haaren herbeigezogen? Na gut. Wissenschaftlern ist es bereits glungen, Frösche und vielleicht sogar Mäuse zu klonieren.

Diese Technik ermöglicht es, vielfache Kopien eines lebenden Individuums herzustellen! Ist es das, was wir wollen – eine Welt voller Klone??

Man könnte sich zu recht fragen: Wer soll kloniert werden? Wer wird darüber entscheiden? Wird es ausschließlich vom Geld abhängen? Wird es legal sein? Wird es Züchter geben, die Leute mit den geeignetsten Merkmalen aussuchen?

Das letzte Mal, als jemand eine Meisterrasse züchten wollte, war das ein unerfreuliches Ereignis – um es milde auszudrücken.

Vielleicht sind wir aber auch zu PESSIMISTISCH... Vielleicht werden in einer glorreichen Zukunft Menschen geschneidert, die in ihre Kleider passen - anstatt umgekehrt!!
Haben Sie 700 blaue Jacken Größe 96?
Wir können Menschen züchten, denen Stöckelschuhe bequem sind oder die rosa Haare haben!!
Entwickelt!!
Vielleicht könnten wir sogar so kloniert werden, daß wir ökologische Katastrophen überleben können, wie z.B. den Verlust des Ozon-Sauerstoffs aus der Atmosphäre!
Wir werden die Zahl der Pigment-Gene in der Haut erhöhen, um die kosmische Strahlung herauszufiltern, wir werden schwarze Leute entwickeln!!
Was Sie nicht sagen!

Es sind nicht nur unsere eigenen Gene, über die wir uns Sorgen machen müssen ... es geht auch um die genetische Vielfalt unseres gesamten Planeten ... (sieht ein bißchen wie eine Riesenzelle aus, nicht?).

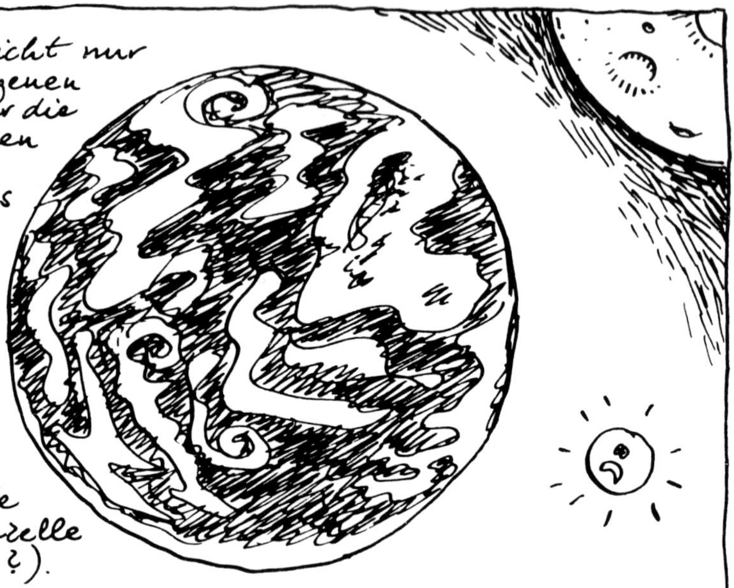

Es ist hinlänglich klar, daß Lebewesen voneinander abhängen. Der Gorilla frißt Bananen, Bananen „fressen" chemische Stoffe aus dem Boden; einige dieser Stoffe wurden von verschiedenen Bakterien verarbeitet, andere Bakterien helfen der Verdauung des Affen; wieder andere verdauen Abfallprodukte, und so weiter ...

ABER WIR MENSCHEN

mit unserer Bevölkerungs-Explosion, Ausbeutungsgier, modernen Landwirtschaft und Umweltverschmutzung sind dabei, so drastisch unsere Erde zu verändern, daß jedes Jahr Hunderte von Pflanzen- und Tierarten aussterben.

Das heißt, daß weniger und weniger Gene in der Biosphäre verbleiben. Und sobald sie einmal verlorengegangen sind, sind sie es für immer.
Das hab' ich nicht gewollt!
Dies bedeutet eine zunehmende Gefahr für das Leben als Ganzes. Würde es z.B. nur fünf Apfelsorten geben, könnten sie alle durch einen Virus oder eine sonstige Seuche ausgerottet werden... Gäbe es dagegen 50 Sorten, wäre die Wahrscheinlichkeit viel größer, daß eine davon resistent ist und überlebt.
Pferdeäpfel, Augäpfel, Erdäpfel...
Verschiedene Länder haben dieses Problem erkannt und begannen so viele Pflanzen wie möglich zu retten, indem sie ihre Samen sammelten.
Leider gibt es diese Möglichkeit nicht, um Tiere zu retten.

Vielleicht könnte hier die Gentechnologie helfen, indem sie neue Kombinationen schafft, aber das liegt noch in der Zukunft...

Auf der andern Seite sind die Möglichkeiten der Genforscher durch die Zahl der Allele eingeschränkt, die für Rekombinationsversuche übrig geblieben sind.

Plötzlich fühlen wir uns mit unserer eigenen gewaltigen Macht konfrontiert.

Einerseits stehen wir dem wilden Wüten gegenüber, das Wälder rodet, den Boden auslaugt, riesige Gebiete in Wüsten verwandelt und die gesunde Vielfalt des Gen-Pools verringert...

Andererseits müssen wir mit den wachsenden Möglichkeiten der Genchirurgie fertig werden. Sie verspricht – oder droht – die Natur der Menschheit selbst zu verändern. Sie erhebt Fragen, für die wir noch kaum eine Sprache gefunden haben – geschweige dann soziale und politische Institutionen, die darüber entscheiden könnten.
A
C
U
G
A
C
U
Mit der Macht übernehmen wir die Verantwortung, weise zu wählen. Viel hängt von der genauen Darstellung unseres Wissens ab. Hier schließt sich der Kreis wieder. Jeder sollte ein Biologe sein – und die Welt ein Klassenzimmer!
ENDE

BIBLIOGRAPHIE

Ayala, F.J. & J.A. Keiger, 1980: Modern Genetics. Menlo Park: The Benjamin/Cummings Publ. Co.

Cavalieri, L.F., 1981: The Doubled-Egded Helix. New York: Columbia University Press.

Chargaff, E., 1980: Das Feuer des Heraklit. Skizzen aus einem Leben vor der Natur. Stuttgart: Klett-Cotta.

Curtis, H., 1975: Biology. 2. Ed. New York: Worth Publ.

Dunn, L.C., 1965: A Short History of Genetics. New York: McGraw-Hill Book Co.

Judson, F., 1981: Der 8. Tag der Schöpfung. Sternstunden der neuen Biologie. München: Meyster.

Kaudewitz, F., 1983: Genetik. Stuttgart: Eugen Ulmer.

Knippers, R., 1982: Molekulare Genetik. 3. Aufl. Stuttgart: Gustav Thieme.

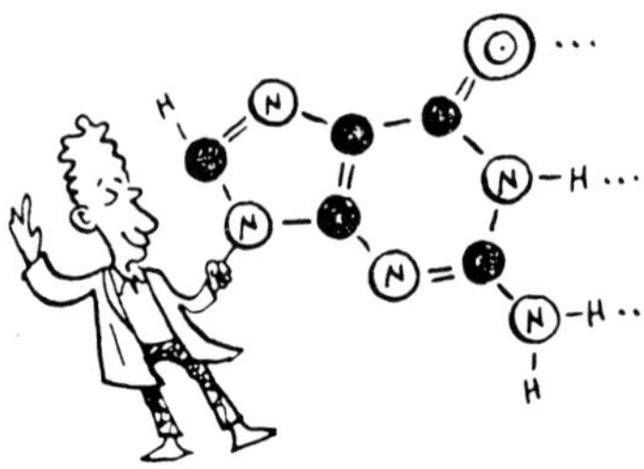

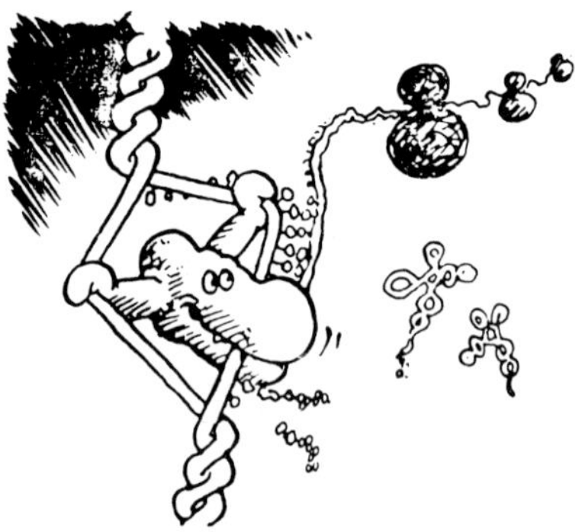

Kühn, A. & O. Hess, 1984: Grundriß der Vererbungslehre. Heidelberg: Quelle & Meyer.

Sayre, A., 1978: Rosalind Franklin and DNA. New York: W.W. Norton Co.

Sengbusch, P.v., 1979: Molekular- und Zellbiologie, Berlin, Heidelberg, New York: Julius Springer.

Stubbe, H., 1972: History of Genetics from Prehistoric Times to the Rediscovery of Mendel's Laws. Cambridge/USA: The M.I.T. Press.

Watson, J.D., 1971: Die Doppel-Helix. Ein persönlicher Bericht über die Entdeckung der DNS-Struktur. Reinbek: Rowohlt.

Watson, J.D., 1976: Molecular Biology of the Gene. 3. Ed. Menlo Park: The Benjamin/Cummings Publ. Co.

Wade, N., 1977: The Ultimate Experiment: Manmade Evolution. London: Walker Books Ltd.

REGISTER

ÜBER DIE AUTOREN

LARRY GONICK ist vielleicht der überqualifizierteste Cartoonzeichner der Welt. Nach einem Summa-cum-laude-Abschluß an der Havard Universität arbeitete er fünf Jahre an einer Doktorarbeit in Mathematik bevor er sein Studium aufgab. Er lebt in San Francisco zusammen mit seiner Frau, ihrem Hund, ihrer Katze und ihren Flöhen.

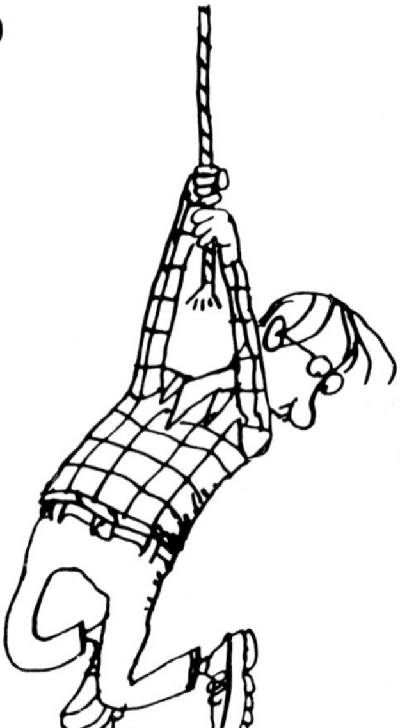

MARK WHEELIS, wenn er nicht gerade auf Berge klettert oder auf Floßfahrten unterwegs ist, ist Dozent für Bakteriologie an der Universität von Kalifornien, Davis. Neben Vorlesungen in allgemeiner Biologie, Bakteriologie und Bakterien-Genetik hat er zahlreiche wissenschaftliche Arbeiten verfaßt und ist Ko-Autor des Buches „Introduction to the Microbial World." Er lebt in Davis mit seiner Frau und ihren Bakterien.